Gweld Llun
Glywed Llinell

© 2023 Rhys Dafis / Cyhoeddiadau Barddas ©

Argraffiad cyntaf: 2023

Cydnabyddir cerddi sydd wedi cael eu cyhoeddi neu eu darlledu eisoes yn y cydnabyddiaethau.

ISBN: 978-1-911584-76-6

Cedwir pob hawl. Ni chaniateir atgynhyrchu unrhyw ran o'r cyhoeddiad hwn na'i gadw mewn cyfundrefn adferadwy na'i drosglwyddo mewn unrhyw ddull na thrwy unrhyw gyfrwng electronig, tap magnetig, mecanyddol, ffotocopïo, recordio, nac fel arall, heb ganiatâd ymlaen llaw gan y cyhoeddwr.

Cyhoeddwyd gyda chymorth ariannol Cyngor Llyfrau Cymru.

Cyhoeddwyd gan Gyhoeddiadau Barddas.

www.barddas.cymru

Dylunio a Chysodi: Rebecca Ingleby Davies

Celf Clawr: Osian Grifford

Argraffwyd gan Y Lolfa, Tal-y-bont.

Gweld Llun Glywed Llinell

RHYS DAFIS

Cyhoeddiadau
barddas

I Sheila, fy ngwraig,
am ei holl gefnogaeth ac amynedd pan fu fy meddwl ymhell

Cynnwys

Hynod yw'r rhod a'i throadau

Ymgolli	19
Ar y gorwel	20
Darlun	21
Llanddwyn	22
Carreg Bica	24
Cwmtydu ym mis Ionawr	25
Cregyn	26
Y dinosor	27
Creadigaeth	28
Y gwyddonydd	28
Stephen Hawking	28
Arianrhod	29
Rhagluniaeth fawr y nef	30
Tarth	32
Gwawr	33
Cwmtydu	34
Y traeth gwyn	36
Glas y Dorlan	39
Trafaelwyr	40
Y tywydd	42
Medi	42
Hydref	42
Coedlan Rhagfyr, Giardini della Biennale, Fenis	43
Hedfan	44
Pioden	44
Brân Dyddyn	44
Pardwn	45

Tylluan	46
Ci lladd defaid	47
Ystlum	47
Cwtsh gan fwnci bach yn y sw	47

Nid er clod y cedwir cledd a gwanu ag ewinedd

Ysbrydoliaeth	51
Safiad	51
Ein cyff	51
Rose Tudor	52
Priodas	54
Yr hen William	55
Croeso	56
Llanw Llŷn	57
Datganoli	58
Yn nrws archfarchnad	59
Arbrawf	60
Molawd i'r cyn-Brif Weinidog	61
Datod i'w wau eto	62
Y Cymreictod cyfryngol	64
Tranc cenedl	64
Y Cymro newydd	65
Difancoll	66
Gwynfor	67
Pont Orewyn	68
Mynd am adre ar ŵyl y banc mis Awst	70
Nant Gwrtheyrn	71
Rhieni dros Addysg Gymraeg yn 50 oed	71

Pont Tywysog Cymru	72
Na i dai ha'	72
Tai haf	72
Yes Cymru	73

Hyn o fyd a'i boen a'i fai

Y bod dynol	77
Dyn	78
Pabi coch	78
Hornets	78
Byncar Mariupol	78
Maddeuant	79
Milwr	80
Aberth	81
Apartheid	82
Marchnad	83
Anniolchgarwch	84
Terfysgaeth	85
Talu'r pwyth	86
Newyddion	87

Sut mae rhoi gwerth ar berthyn?

Llawenydd	91
Galwad	92
Fy nghannwyll	93
Pont einioes	93
Pam?	93

Cariad cyntaf	94
Winc	94
I Sheila	94
Pen blwydd ein priodas	94
Ffynnon	95
Gorchymyn	96
Gwledd	97
Cwsg	98
Cwmni	99
Cysur	99
Perthyn	100
Ffarwelio	100
Colli Mam	100
Cri	101
Crud	102
Etifedd	103
I Ywain	103
I Huw	104
I Siwan	105
Twm	106
Prysurdeb	106
Cist y daflod	107
Breuddwyd plentyn	107
Un o'r wig yn bedwar ugain	108
Diffodd	109
Hunlle	110
Llys	113
Man gwyn	114
Ond wedyn ...	115
Twyll	116
Torri'r arfer	117

I Wynford Ellis Owen	118
I Carol Hardy	118
Ras	119
Y canlyniad	120
Eglwys Sant Ioan, Caerdydd	121
Cyfeillgarwch	122
I Dafydd Islwyn	122
I John Glyn	122
I Alwyn ac Angharad Harding Jones	123
I Dewi Pws	123
Priodas ruddem Gordon a Helen Middleton	123
I Ifan Roberts ar ei ben blwydd arbennig	124
I Glenys Roberts	126
Croeso, Osian	127
Ymson mewn côr meibion	128
I Menna Thomas	129
Y parti cerdd dant	130

Direidi a'i droadau

Ffoadur	135
Cwmsgwt	136
Y Dyn Sâl	138
Fel watsh?	141
Nos Wener yng Nghaerdydd	142
I John Elfed Jones, Gwilym Williams a Tom Price	144
Blas ar fwyd	146
Sgwrs rhwng pysgodyn aur a babi	148
Brysia adre!	149
Trafferth mewn llyn	150

Hyn ydyw elw y Nadolig

Nos Iau cyn y Nadolig yng Nghaerdydd	159
Fry yn yr awyr ...	161
Ni'r doethion ...	161
Ni'r bugeiliaid ...	161
Carol y tri anifail	162
Yr ych	163
Ein Nadolig ni	163
Nadolig y masnachwr	164
Anrheg y Geni	165
Y Baban Iesu	166
Mair	166
Ffenestr liw Eglwys Sant Sannan	166
Cadach	167
Ar gerdyn ymweld gweinidog	167
Ar gyfer derbyn aelodau ifanc newydd i'r Eglwys	167
Cerddorion cynhebrwng Haiti	168

Tro i gloi – treigl awen

Y dosbarth cerdd dafod	173
Amynedd	174
Egluro cynghanedd	174
Cynghanedd	174
I Mari a Gwyn	175
Cyfarchiad o'r Maen Llog, Dinbych, 2013	176
Yr Ymryson	178
Talwrn y Beirdd	182
Anffawd	182
Troednodyn	182

Daeth yr ysbrydoliaeth i lunio llawer o gerddi'r gyfrol hon wrth adael prysurdeb y byd a'i bethau, a mynd am dro pellennig â 'mhen yn y gwynt! Wrth grwydro ar deithiau mynydda neu gerdded arfordir, neu ddilyn afon drwy goedwig a dôl, bu cyfle i'r meddwl grwydro hefyd, heb un dim i darfu ar ei fyfyrdod heblaw ymgolli yn harddwch a rhyfeddod y greadigaeth.

Hefyd, yn aml roedd ysgogiad i greu wrth grwydro, boed oherwydd cais am gyfarchiad neu ddigwyddiad, neu bwysau tasgau rhaglen *Y Talwrn*, BBC Radio Cymru, neu'r galw i gyfrannu at noson lenyddol neu gymdeithasol. Rwy'n ddiolchgar am yr holl gyfleoedd hyn i ddeffro'r awen.

At hyn, cefais y fraint o fyw yn ne-orllewin a de-ddwyrain Cymru am gyfnodau hapus yn ogystal â fy Mro Aled enedigol, ac mae'r detholiad o gerddi sydd yma, mae'n sicr, yn adlewyrchu'r gylchdaith brofiad honno. Rhan bwysig o'r fraint honno oedd cael bod yn gyson yng nghwmni ysbrydoledig beirdd a llenorion, fel disgybl ac fel athro, fel cydymaith llengar ac fel cyd-aelod mewn timau Talwrn ac Ymryson y Beirdd. Bu'r gyfeillach honno yn rhan bwysig o 'mywyd.

Wrth fynd am dro drwy'r gyfrol, rwy'n gobeithio'n wir y cewch chwithau reswm i oedi a myfyrio – 'gweld llun o glywed llinell' – a mwynhau'r amrywiaeth fydd yn eich disgwyl o gam i gam.

Hoffwn ddiolch yn fawr i Gyhoeddiadau Barddas am ei chyhoeddi, ac yn enwedig i Bethany am ei hawgrymiadau gwerthfawr o ran trefn y cynnwys a diwyg y clawr, a'i llywio medrus drwy'r wasg. Diolch hefyd i Huw Meirion Edwards am ei lygad craff.

Hynod yw'r rhod a'i throadau

Ymgolli

Mae enaid angen munud – o afael
    y dref, ac mae gwynfyd
   fry yn bell o ferw'n byd
   yn hedd mynydd am ennyd.

Ar y gorwel

Cerdd gomisiwn yn ymateb i grochenwaith Carys Davies yn arddangosfa gelf a chrefft Eisteddfod Genedlaethol Sir Ddinbych a'r Cyffiniau, 2013.

Yn nofio ym mhellafion – y gorwel
    cawn fod gwir y galon
  yn un â thes nen a thon.

Canys draw cawn storïau – amdanom,
    daw hen wironeddau
  i ymhél yn gymylau.

Am ennyd rydym yno – yn hofran
    fry yng ngwefr rhyw gofio;
  yn rhyddhad ein breuddwydio.

Darlun

Wedi i law Duw ei liwio – a'i orffen
 yn berffaith i'w fframio,
 daliwyd eiliad, a'i hoelio'n
 olew cain ar wal y co'.

Llanddwyn

Wrth lwybro un tro o'r trwyn
a glaw eigion ar glogwyn,
roedd cynnwr' y garwriaeth
hyna' 'rioed ar wely'r traeth;
hir garu môr a gweryd,
caru byth ers creu y Byd.

Eu caru'n rym y cerrynt,
yn donnau gwyllt yn y gwynt,
yn ail nesáu, a'r lan syn
yn gynhyrfus gan erfyn,
yn llanw berw di-baid,
yn ewynnol ochenaid.

Dro arall, yn drai hiraeth;
ara'u tro i lawr y traeth,
murmur y môr ar eu min,
yn anwesog, a'u nosi'n
oedi swil dan hud y sêr,
swyn dau'n cusanu'n dyner.

Caru'n driw heddiw o hyd
y mae'r môr a'i ymyrryd
a'r lan sy'n gusan i gyd.

Fo'n chwil gan serch wrth gilio,
yna'n troi, fel pob un tro
i roi ail gwtsh ffarwelio.

A hithau yn dagreua,
yn eisiau'r gusan nesa,
ei alw'n ôl yn ôl a wna.

Dau'n ddi-baid yn cofleidio,
yn caru'n dynn er cyn co',
yn dal heb ollwng dwylo.

Carreg Bica

Fe wyddet eu bod yno'n cripian yn y gwyll
cyn codi'n fyddin, a charlamu'n gynt a chynt;
tra chwyddai drymian carnau'r meirch, nes rhuo dod
yn rhengoedd, a'u cleddyfau'n suo yn y gwynt.
        Chwarddaist yn wyneb y marchogion chwim,
        bwriaist hwy'n ôl bob un heb ildio dim.

Ond gwyddost, er dy ymffrost neithiwr yn y gad
wrth iti wawdio dy elynion syn â'th boer,
a'u gwylio yn penisel droi o faes y drin
i gilio yn eu blinder rywbryd gyda'r lloer,
        gwyddost, bob tro y ffy'r marchogion ffôl,
        y dônt hyd dragwyddoldeb eto'n ôl.

Cwmtydu ym mis Ionawr

Cawn gip ar y gwynt yn cipio'r – ewyn
    i'r awyr a'i chwipio,
  ac eira hallt hyd y gro'n
  ochenaid o luwch yno.

Cregyn

O'i chuddfan, mewn hugan wen
yn y graig, tynnais gragen
ddaeth i draeth cyn bod yr un
osiad yn anian coesyn
gwelltog, na broga alltud,
i fentro o'r môr i'r tir mud.

A'r un gragen gaf heno
yn nŵr y traeth, wrth roi tro;
ei lliw a'i llun 'run ffunud
â'i chyfnither bore'r byd
er oesau dyfnderau du
eigionau eu gwahanu.

O na foed i go'r ddwy fach
allu rhannu'u cyfrinach;
er agor clo trysorau
dyfna'r ddaear i'n boddhau,
y trysor sut i oroesi
agor hwn ni allwn ni.

Rhoi i'n hawr ei mesur wna
seml einioes eu milenia;
yn ddi-nod, mi fyddan nhw
hyd lan 'mhell wedi i lanw
olchi ôl ein bodolaeth
dros dro, ar oesau o draeth.

Y dinosor

Ddoe, pan oedd arglwydd y ddaear
yn farus ei archwaeth
wrth ysglyfaethu
ei ddigonedd o ginio,
ni allai weld tu hwnt i'r lloer
garreg fedd ei ddiwedd ar ddod,
y garreg eirias o saeth
a ddeuai'n syth union amdano,
na'r trawiad troi awel yn gorwynt tân
dros ddaeargryn y tir;
dyfod, dyfod, nes difa
mewn ennyd fach
ei linach ar y blaned.
Y llabwst, sut allai wybod?
A phe gwyddai, ni feddai fodd
i atal ei dod tuag ato,
i nadu ei armagedon.

Yn awr, mae arglwydd arall
mwy barus ei archwaeth
wrthi'n ysglyfaethu
gormodedd o'r digonedd sydd i'w gael;
gwenwyno heli,
ei gynhaliaeth o'i gread,
a llygru'r awyr
nes troi awel yn ddistrywiad;
difa, difa, nes dyfod
trugaredd ei ddiwedd ei hun.
Y llabwst dall i'w wybod!
I'w nos yr â'r dinosor hwn,
yntau, yn ei anterth;
mynd ar wib am y dibyn,
yn gwadu ei armagedon.

Creadigaeth

O ben copaon y Byd – i waelod
    dwfn heli, ceir bywyd;
  gwyrth ryfeddol ei golud,
  o un gell creu hyn i gyd.

Y gwyddonydd

Gwadu Duw gyda deall – a rheswm
    yr oes a wna'n ddiball,
  ond er dysgu hynny a all,
  erys un cwestiwn arall …

Stephen Hawking

Gwelodd ym mhair disgleirdeb – ei allu
    dywyllwch diwyneb
  ffawd y bydysawd, do, heb
  iddo weld Tragwyddoldeb.

The James Webb Space Telescope keeps finding galaxies that shouldn't exist, a scientist has warned. It suggests that, if scientists have not made a mistake, we may be missing some fundamental information about the universe. (Yr Athro Michael Boylan-Kolchin, erthygl ymchwil yn Nature Astronomy, Ebrill 2023)

Arianrhod

Uwchben, o'n hamgylch, bu yno yr un
    falerina'n dawnsio
  walts ddiderfyn er cyn co'.

Er ceisio llifo o'i llwyfan, ni all
    ond troelli'n ei hunfan,
  ei mynd yn fynd i'r un fan.

Mynd, er dod atom o hyd ar ei hynt
    i ymdroi wna hefyd;
  pasio ymaith heb symud.

Rhagluniaeth fawr y nef

Ym mud yr hwyr, af am dro
i glywed y goleuo;
hir fyfyr y ffurfafen,
gydymaith maith, uwch fy mhen;
synhwyro'n syn rŵn y sêr
yn ymson am drefn amser.

Â'u hud fel cannwyll meudwy,
dweud mewn cod mae'u wincio hwy
hanes ddoe a'r hyn sy' i ddod,
atebion hwnt i wybod;
hwy nag oes pob negesyn,
dod a dod ers Duw ei hun.

Ymlaen o gylch milenia
yn ddi-baid o raid yr â
oriawr fawr y nef o hyd,
sawl einioes fesul ennyd;
rasio mynd ei haros maith,
disymud suo ymaith.

A gwn mai còg ohoni
yw fy hynt, mai bod wyf fi
yn ei le'n nhrefn dilyniant,
yr af ymlaen drwy fy mhlant;
adladd wyf yn dal i ddod
i'w ddifa ac ailddyfod.

Rhannu gwyrth y rhan a gaf
a wnaf heno; anfonaf
cyn y wawr fy winc yn ôl
i fydoedd y dyfodol,
i barhau seiadau'r sêr
â'u hymson am drefn amser.

Tarth

Cerdd gomisiwn yn ymateb i'r gwaith arian cain 'Spiritus II' gan Theresa Nguyen, yn arddangosfa gelf a chrefft Eisteddfod Genedlaethol Sir Ddinbych a'r Cyffiniau, 2013.

Â'r gaea' dan leuad lawn,
yn chwa oer daw merch Arawn
yn anfyw o'r gwahanfyd;
rhodres tywysoges hud
yn ymdeithian o Annwn
eto i ŵydd y byd hwn.

Barrug yw'r wyneb arian;
coronig o wlithni glân;
ei gwisg o ias, ac o'i hôl
daw rhyw wawr annaearol;
ac fel sidan, i'w chanlyn
dresi ei gwallt o'r ias gwyn.

Mae'n chwennych yn benuchel
sylw i gyd y sawl a'i gwêl,
yn wych a hardd; ond fel chwa
aflonydd y diflanna
drwy yr adwy ysbrydol
pan ddaw cŵn Annwn i'w nôl.

Gwawr

Wrth grwydro rhyw ben bore'r
hwyr di-serch, ar stryd y sêr
a'i golau swil, gwelais hon
yn gadael y cysgodion
yn ddengar, yna'n aros
draw yn hir yng ngodre'r nos,
a dod eilwaith – hudoles
yn tynnu'n ôl, fflyrtio'n nes;
a chodi, torri fel ton
wnâi y gôl wrth ei gwylio'n
closio, gwrido'n gariadus,
yna'n blaen, estyn ei blys,
a'i cheg goch yn fflachio gwên
yn gofleidiog fel hoeden;
gwên losg cyn diosg ei du
yn iasol i'm cynhesu;
lapio'i hunan amdanaf,
agor ei serch â gwres haf.

Cwmtydu

Tyrd, awn ein dau i sedd orau'r oriel;
   edrych, mor wych rhwng y muriau uchel
yw'r llenni'n agor hyd at y gorwel
   a datguddio yno ddoniau anwel,
nes bod o'n cwmpas, mewn sbel, actorion,
caneuon, straeon ar stereo'r awel.

A ddoi i wylio'r dawnswyr Gwyddelig,
   ymgolli'n rhythmau oesau eu miwsig?
Gan droi a gwau'u hysgwyddau gosgeiddig
   fe ddaw a daw y clocswyr deheuig
yn doneidiau unedig o'r cefnfor
nes ennyn encôr crensian y cerrig.

Ddoi di i dewi ar noson dywyll,
   i hepgor angor rhag clyw y rhingyll,
sleifio'r nwyddau tan ddec rhwydi'r mecryll
   i'r llawiau llydan yn nhonnau'r llwydwyll;
cael i'r tir gasgenni'r gwyll cyn y daw,
a hwylio'n ddistaw cyn delo'n ddistyll?

A weli draw? Dwed a glyw di rywun
   yn tanio'r sychgoed yn nhroed yr odyn?
Tanio dadl ffraeth am ragoriaeth geiryn
   ymysg beirdd gwlad, a dehongliad englyn;
cynnig gwell, ac ambell un yn danllyd
ei farn o hyd fry'n y dafarn wedyn!

Onid dweud y mae dweud mud dy adwaith
   yr hoffet aros i brofi noswaith
o'r ddrama gei di yma, gydymaith?
   Yn dy gof, fe wn, mynd â'i gyfanwaith
a wnei di i ben dy daith; fel finnau,
yn dy feddyliau, doi, fe ddoi eilwaith.

Y traeth gwyn

Yn nhes haf, a llanw swˆn
yn hawlio'n traethau, ciliwn
tros greigiau, trwy ros grugach
penrhynnau, am y bae bach
sy' 'mhell heibio'r trwyn pellaf,
di-lwybr yw, yn dawel braf.

Mynd wnawn, a neb, dim ond ni;
ac yno rhwng clogwyni
y mae gwên byd amgenach
yn melysu'r awyr iach;
dim ond môr yn gerddoriaeth,
heb ôl troed yn sbwylio traeth.

Minnau es am y man hud – i'w hawlio,
    a chael bod fy ngwynfyd
  y lle i fynd, bod holl fyd
    anifail yno hefyd!

Tros don am Iwerddon dan hwylfyrddio
    rasiai bilidowcars heb aildacio;
a phadlo'n fflyd wnâi llanciau Llandudno*
    i des y bae, gan oedi a sbio –
disgwyl y don fawr honno ddaw ar hyn
â'i dibyn ewyn, i'w brig-ganŵio.

*mulfrain

Hwnt i'r wendon, roedd mecryll aflonydd
 yn haig o hwyl wrth fig-rasio'i gilydd
yn hedd yr aber; yna'n ddirybudd
 drwyddynt ar sbid daeth jet-sgi'r llamhidydd;
difa'u gala'n ddigwilydd, hwythau'n ffoi,
rhannu a chrynhoi i chwarae o'r newydd.

Ym mhwll y lan, lle bu'r trip gwylanod
 yn sblasian sgrechian fel dawns y gwrachod,
roedd crëyr yn rêl llanc yn hela crancod
 yng ngwymon ddirgelion gwg ei waelod;
a llwydyn a'i deulu'n dod heb ymdroi,
eisiau paratoi at swper tywod.

Ar greiglan o brom, yn lle ymgomio
 clywn nâd boenydiol, clywn diwba'n udo.
Ai slobs ysgeler oedd yn meddw herio?
 Na, twrw mawrlawn y tarw morlo
a'i dylwyth, oedd wedi hawlio'r holl fan,
ar lan yn lolian a bolaheulo!

Hofran ei farcud fry a wnâi cudyll,
 yna ar gyrch sgimio'r creigiau erchyll;
ac roedd cannoedd o chwiglod yn cynnull
 ym min y gors, yn mwynhau eu gwersyll,
mewn cyfundeb dan bebyll brwyn gerllaw;
seiadu'n ddistaw nes deuai'n ddistyll.

Nâd ar wynt gylfinir o draw, a dwy
 neu dair yn gyfalaw,
 yn dod a dod yn ddi-daw
 o hyd, fel pibgyrn Llydaw.

A thros dwyn, lle mae'r llwyni yn breifat
 a chlyd braf at nosi,
 yn cael sbort, clywais barti,
 clywais y brain yn cael sbri!

Dwy wylan fel dal dwylo yn loetran
 hyd lan, yn dal yno
 ar y traeth, yn hir eu tro,
 yn nef eu camfihafio!

Ac i'r fan hon daeth tonne i wared
 eu sbwriel, y tacle!
 Yn ôl y wast, roedd 'ma le
 yn oriau mân y bore.

Bae o rialtwch di-baid – rêf yr haf,
 Rhyl yr anifeiliaid,
 lle cyrcha'r adar yn haid,
 hawlio, drosto'n dwristiaid!

Yn nhes haf, gadewais o
i'w hawlwyr hyf, a chilio
tros greigiau, trwy ros grugach
penrhynnau, 'mhell o'r bae bach;
ei adael, ond mwy wedyn
yw hiraeth gweld fy nhraeth gwyn.

Glas y Dorlan

Un nawn o haf wrth Gafn Hyrdd
oedwn yn y gwawl hudwyrdd,
a'r dŵr dan fy mhry di-hid
yn ddiog ddiaddewid.

Drwy'r hen goeden gysgedig
nerf o wynt chwaraeai fig,
a thawel lwyth o ewyn
eildro'n llywio o gylch y llyn.

Ond yna, holltwyd ennyd
ar y banc, gan ddeffro'r byd;
treiddiodd dart trwy hedd y dŵr;
saethodd, hyrddiodd i'r merddwr
blymiwr â'i blu o emau,
dewin glas ar adain glau,
a'i ehediad mor sydyn
nes i'r lliw enfysu'r llyn;
disgyn ar sydyn grwsâd,
yna'n ôl yr un eiliad,
a'i ysgytwol bysgota'n
rhuthr o liw, yn wyrth o'r lan.

Eiliadau hudol wedyn
a'r dydd mor llonydd â'r llyn,
nid oedd yn y distawddwr
un dim yn cynhyrfu'r dŵr;
dim ond tawel ddychwelyd
rhimyn o ewyn o hyd.

Er mai profiad eiliad oedd,
ni symudais am hydoedd.

Trafaelwyr

Rhegais ddyfodiad ymwelwyr y bondo
â'u llanast y llynedd,
yn hawlio fy eiddo i;
y gwibio-cludo diddiwedd,
a'u plant yn llawn hyfdra'n
gollwng budreddi
o gwmpas y lle.
Rhegais,
do, a dial
un diwrnod â ffonnod a phaent;
ailhawlio fy eiddo i.
Gwynt teg, meddwn.
Peidied hwy a meiddio ...

Ond rhywsut,
er eu hysio
a'u chwalu,
do, mi chwiliais
y gwanwyn yn gynnar eleni,
chwilio lonydd
a hewlydd yr awelon,
gan ddyheu y deuent
eto â'u rhyfyg ar eu trafael
yn Ebrill, rywbryd –
dod heibio
i leddfu cydwybod.

A llonnais,
do, a diolch
i'r taclau am faddau,
am feiddio
dod â'u fflyd hefyd
heb ofyn,
am hawlio fy eiddo i
fel llynedd efo'u llanast.

Heno'n eu bwthyn unnos,
mae 'na drem
mam
yn y drws.

Y tywydd

Yn Ionawr, 'does wynt i'n poeni na glaw,
    bydd pawb ar fin pobi;
  ond 'n yr ha', 'dan ni'n rhewi;
  gŵyl y banc a gwlyb yw hi!

Medi

Dynes ag ofn edwino; ei harddwch
    a'i hurddas ar gilio;
  heibio 'rhed, cyn sylwa bro,
  i'w hencil i ymbincio.

Hydref

Hoeden aeth i'w drôr, rhag edwi, am bowdr
    ac am baent gor-ffansi;
  ond er hast taenu drosti
  liwiau'n ffôl, yn blaen 'aiff hi.

Coedlan Rhagfyr, Giardini della Biennale, Fenis

Gyda diolch i Shakespeare am ei gymorth.

Noeth yw y wig, cans talodd fenthycion
   y ddaear galed; Iddew oergalon
fu'n casglu a roddodd yn fuddsoddion
   â llog yn ôl; mynd â'i holl gynilion;
a'r wig na thalodd ddigon ddinoethodd,
ei dail a waedodd fel iawn dyledion.

Hedfan

Chwarae ar ddrych o'r ddaear hon wna'r adar
    â'u hedeg afradlon;
  gwibio raid, yn wallgo bron,
  ar hewlydd yr awelon.

Pioden

Distaw fraw tylluan y fron, a gwib
    y gwalch, at eu digon
  yr helant, er mor greulon;
  lladd er lladd sy'n cymell hon.

Brân Dyddyn

Un eiliad, gyda'i theulu, mam annwyl
    yn cymhennu'r manblu;
  yna'n hedfan a phlannu
  i lygad oen filwg du.

Pardwn

Torri gwrych yr ardd y llynedd
    fûm i'n gymen;
torri'n ôl ei dwf blagurus,
bwrw gyda'r cryman awchus
    nyth mwyalchen.

Dod yn ôl i nythu 'leni
    mae'r mwyalchod.
Llawn yw'r wawr fel cynt o ganu,
ond ni all y nodau leddfu
    fy nghydwybod.

Tylluan

Heb siw na miw, y mae hi
o ben coeden yn codi
i lygoden lygadu
hyd y ddôl agored, ddu.

Nefoedd i fân anifail
ar ei dwf yw hela'r dail
am folied gwybed y gwyll –
hela dall heb weld ellyll ...

Dirgel 'di awel ei dod;
un wib, a heb'ddo wybod
am gydio gwar diaros,
heb 'run wich â'n brae i'r nos.

Ci lladd defaid

Pen annwyl yn fy nwylo am anwes,
    a minnau'n ei fwytho
  yn dyner heb weld yno
  waed oen yn ei lygad o.

Ystlum

Gwibia'n ysol o Annwn i'n chwennych,
    chwa enaid y meirw'n
  suddo'i safn waedlas, ddi-sŵn
  yn nwfn yr hyn a ofnwn.

Cwtsh gan fwnci bach yn y sw

Mae mwy i'r fflam nag amnaid i'w gosi;
    mae 'na gyswllt tanbaid
  i hoel agos ei lygaid; –
  yr wy'n dychmygu, mae'n rhaid ...

**Nid er clod y cedwir cledd
a gwanu ag ewinedd**

Ysbrydoliaeth

Carreg yn hollti'r cerrynt; y brwyn brau'n
    byw er rhew'n drwm arnynt;
  gwylio gafr mewn glaw a gwynt,
  a dryw yn wfftio'r rhewynt.

Safiad

Pren ystyfnig y rhigol ar y foel,
    criafolen herfeiddiol
  sydd â'r ffydd i herio'n ffôl
  hynt y rhynwynt dwyreiniol.

Ein cyff

Roedd, o dreiddiad ei wreiddiau, ddigonedd
    i'w gynnal drwy'r oesau;
  ond, i'r pren fedru parhau,
  mae i'w ddail eu meddyliau.

Rose Tudor

Un noswyl o wyliau,
o hoe wedi gaea' hir,
pan oedd fy nghamau'n ysgafnach
a 'mhen yn y gwynt,
daliodd fy llygad dy wên
yng ngolau'r ffenest;
edrychiad eiliad nad oedd
yn bosib ei basio,
a'i gynnwrf yn wasgu anadl.

Yn swil o siŵr,
cilsyllais arnat eto,
ac eto,
a gwirioni'n bwt
ar dy harddwch, dy urddas
yn dal dy ben ar dro
i 'nhemtio i draw.

Closiais, nes oeddet
am y bwrdd â mi,
a phersawr dy gwmni'n
dro drwy ardd yn swyn y sêr,
yn anwes cynnes ein cwrdd.

Mentrais, estynnais, do,
yn dyner amdanat,
heb weld
y tu ôl i betalau
del dy wedd
bigau cas
allai frifo dyn.

Nid hudoles hardd
yr ardd oeddet, Rose,
ond fflyrten dal llygad
â brath yn ei bron;
roedd fy ffoli'n ffolineb,
ac mae dadrithiad dy gripiad
yn graith wen
ar fy nghroen o hyd.

Priodas

Uno dan gredu'u bod yn gariadon;
oni ddywedodd llais ei breuddwydion
y byddai drwy'i gofleidio'n ei feddu,
drwy rannu gwely'n uno dwy galon?

Nid bodd ei galon ond buddugoliaeth
ei blysio uno, at ei wasanaeth;
gwneud ei wraig yn diriogaeth a geisiai;
gwelya gwraig i hawlio'i gwrogaeth.

Yr Hen William

Parodi o 'Yr Hen Delynor', R. Williams Parry

Cymraeg sydd ar ei wefus
yn ffrwd lifeiriol, gref;
a serch at wlad arwisgo'i dad
sy'n llenwi'i galon ef.
Does unlle arall ar ei fap –
Cymro o'r Cymry ydyw'r Ap.

Mae'n blino gwenu i'r camera
a swyno'r dorf â'i blant,
ei Fôn o hyd sy'n llenwi'i fyd,
a llinach Dewi Sant;
mae'n cefnu ar y clod a'r clap,
cans Cymro teilwng ydyw'r Ap.

Tyner ei law wrth annog
ei Walia glaf i'w hynt,
"Ti ddoi yn iach, fy ngeneth fach,
er garwed min y gwynt."
O! Ceidwad hon rhag pob rhyw hap,
a'r Mab Darogan ydyw'r Ap!

Croeso

Pan fydd llygad yr haf ar draeth Din yr Hafan,
a'r tonnau'n hamddena, yn llipa eu llepian;
pan fydd awel felys yn chwythu ei chusan
yn hygar ar rudd, a thithau'n gorweddian
a Nivea haul hyd dy fola'n sgleinio'n braf,
ymwelydd haf, a deimli ddoe'n
gyrru ei ias o dan dy groen?

Yn hedd hinon Awst, a dy fyddin yn estyn
o'r Rhinog yn dalog hyd at Graig y Dulyn,
yn dringo, rhydd droedio, a thrampio drwy'r rhedyn,
a gei yn y graig wrth Abergwyngregyn
hunlle, a weli'r Llywelyn dychrynllyd
yn oer ei bryd, yn gyrru braw
yn egr ei drem tua Lloegr draw?

Na, straeon, ofergoelion difyrru gwyliau
a grëwn o ddim, a'u gwirionedd i'w amau!
Rhoi'r eli ein hunain, torheulo wnawn ninnau;
iro ein croeso â mymryn co'r oesau.
Ymwelydd, a oes cymylau anaraul?
Yn eli haul dan awyr las
a deimli di, am eiliad, ias?

Llanw Llŷn

Lle bu cripian y llanw
o garreg i garreg
i garreg arall,
o draeth i draeth yr arfordir hwn;
dod yn dawel, a'u dwyn
yn slei, fesul un,
o dan y dŵr;

eleni
mae 'na lanw uchel,
â'i ewyn yn lluwchio;
môr sy'n rhedeg i mewn
atom yn ddiatal,
dan arllwys ei donnau haerllug,
ei flys,
o'i flaen;

mae'n dod, yn dal i godi,
llanw uwch na'n cestyll ni.

Datganoli

Ar ein rhiniog bron 'rhynnu – arhoswn
    am friwsion, gan gredu
  fallai daw tamaid o'r tŷ;
  un, a ninnau'n newynu.

Yn nrws archfarchnad

Cerdd i'r Cynulliad

Babi mewn pram, heb damaid
o ddim i'w orchuddio; a haid
o bobol, neb yn holi
amdano, na gwrando'i gri;
'mond pasio'n ddi-saib heibio
heb hidio dim pwy 'di o.

Y mae'n estyn atyn nhw
ei wên swil, eisiau sylw;
mae'n plycio'n eu calonnau
yn daer i ddod i'w ryddhau;
ond ofer yw gyda'i frys
i agor clo ei wregys.

Cryna'n ansicir yno;
ennyd o ofn ei fod o
yn blentyn gwyn ddydd ei gael,
ond wedyn wedi'i adael
yn y nunlle newynllyd,
sypyn bach ger siop ein byd.

Ar bafin, yr un dinam
yw'n parhad; babi mewn pram.

Arbrawf

Do, atgyfododd rhyfeddod Frankenstein
    drwy drydaneiddiad arbrofol yng nghrombil seler coleg,
    nes ymwylltio-sinjio ei wallt yn gudynnau blêr, blond;
ymbalfalodd ei ffordd drwy goridorau grym,
    a marblis pylion ei lygaid yn chwilio'n chwil am y llwybr
    sy'n arwain at orsedd uchelfri'n y diwedd; dim ond
fod yno ferch siapus famol at ei alw a'i chwant,
    a drws i ddianc rhag goleuadau'r helwyr ar ei sodlau
    sy'n ceisio'i gornelu a'i drapio rhwng y gwir a'r gau;
mae o'n ffoi, a'i osgo fel tase fo 'di gneud yn ei glos,
    dan fymblan rhyw ateb i gwestiwn na chafodd ei ofyn;
    yn ffoi fel gwnaeth Karloff, â'r rhwyd amdano yn cau.

Molawd i'r cyn-Brif Weinidog

Arfer pwyll, a didwylledd ar dy lw,
    nid sylw ond sylwedd,
  dur dy air, nid aur dy wedd,
  a difaru, dy fawredd.

Datod i'w wau eto

Cerdd ar y cyd â gwaith celf o frethyn gwlân Cymreig gan Carwyn Evans, fel rhan o arddangosfa yng Nghanolfan y Mileniwm, Caerdydd i groesawu'r Eisteddfod Genedlaethol i Gaerdydd, 2008.

Datod brethyn cymuned; – y gorchudd
    fu'n gwarchod ein tynged;
  mae'n rhoi'n un rhimyn, a rhed
  ei ddafedd rhydd o Ddyfed
a Gwynedd. Lle bu gwennol y gwehydd
  yn ein gwau
yn dynn a dillyn,
mae inni dyllau
a bylchau
nes bod
y datod
i'w weld,
ac o un i un
â'r corneli'n wannach
gan ymraflo bob yn bwyth ...

ond eto,

nid llwydo,
nid mynd yn golledig
a wna'n hedafedd –
mae yng ngwnïad ifanc
y Cymreictod lliwgar modern,
yn frith drwy frethyn
nyddu buan
ein melin o brifddinas,
gan barhau patrymau'n tras.

Hen yw ei newydd wead,
a newydd hen ei wnïad,
a bydd ein brethyn yn bywhau
'mhatrymau triw ei rwymiad.
Ffal di-ridil-di ral, ffal di-ridil-di rai ro.

Y Cymreictod cyfryngol

Os yw'n gôt lefn ei defnydd, – un liwgar,
    olygus, a chelfydd
  bid siŵr gan deiliwr Caerdydd,
  teneuach yw'r gôt newydd.

Tranc cenedl

Colli tir, colli tarian; – colli llais,
    colli hawl i'w hunan;
  colli'r iaith yw colli rhan;
  colli'r cof, colli'r cyfan.

Y Cymro newydd

Dywed y doethion diarth
bod fy nhafod i yn warth;
yn un â briw yn ei brol,
yn waeth, yn wahaniaethol;
ac yn awr, rhag digio neb,
ildiais i'w cydraddoldeb.

Nid 'gŵr' wyf bellach, ond 'gydd'
(heddiw dwi'n gynganeddydd!);
nid dyn â cherddediad tal
ond yn hytrach dwi'n niwtral;
llwyd-wyneb, heb wedd mebyd
gennyf mwy, O! gwyn fy myd.

A phob cof ohonof aeth;
genynnau gau hunaniaeth
a waredais, pur ydwyf;
heddiw un mwy gwaraidd wyf.
'Rôl ailbobi fi fy hun,
nawr, hei, dw i yn rhywun!

Difancoll

Darlun o Sitting Bull, ar ôl i lawer o'i lwyth gael ei ddifa i ddial am frwydr olaf General Custer.

Hen ddyn â'i bluen unig,
yn syn, heb ddeigryn, heb ddig,
'mond gwaedd ar ôl gwaedd yn gwau
dan ei gnawd yn gnoadau,
yn troi cefn fel fwltur coll
i'w encil, i ddifancoll.

Diwedd ei hil ydoedd o,
a'i holl hanes pell yno
yn ei lygad, fel agor
drws dweud i ddiddymdra stôr
ei hiraeth, gweld arwredd,
ac olaf daith i baith bedd.

Ni thry'r helwyr â'u helynt
yn ôl o gyrch byfflo gynt.
Troes ei ben, 'rôl tario sbel,
yn araf tua'r gorwel;
hen frawd yn Rhagfyr ei oes
heb frys, bu farw eisoes.

Gwynfor

Y gri unig o'r anial, yn galw
　　ac yn galw'n ddyfal;
　　cri dyheu sy'n cario, dal,
　　ddaw eto, yn ddiatal.

Pont Orewyn

Un tro ar Bont Orewyn,
yma yn ymyl Buellt
â'i wyneb euog,
dychryn oedd dechrau
ein Rhagfyr hir,
ac ofer arwredd
y deunaw gŵr dienw gynt
i'n cof a roesant eu cyfan.

Er i lif y canrifoedd
olchi odani bob dydd,
ac er i ro'r afon grafu'r gwaelod
a sgwrio dros gerrig,
sgwrio hanes gwroniaid,
ni allodd gau'r archollion
ym mynwes y meini;
cau'r olion llafn,
lle mae dafnau
o waed y deunaw o hyd yno
yn staen pan fydd ias y dwfn
yn troi dan Bont Orewyn.

Yn nydd ein Rhagfyr heddiw,
at adwy'r bont,
dôr y byd a gawsom,
gyda'u rhyfyg oesol
dod o hyd y mae'r cannoedd diadwaen,
a neb yn eu hwynebu.

Neb;
ac eto, o'r niwl
daw wyneb y dienw,
un di-nod, ond un â hyder
rhyw raid yn ei enaid,
a'i wyneb ar dân gan wrid y deunaw.

Ac nid un unig am ennyd mohono;
yn y mur mae eraill
yn ymuno, â'u meini'n
darianau rhag dod y rheiny
a'u hanian yn feddiannu.
A lle bu neb, fe â un yn naw,
yn ddeunaw,
yn fyddinoedd rŵan hyn,
os cymerwn ni
ein tro ar Bont Orewyn.

Mynd am adre ar ŵyl y banc mis Awst

O draw mae cymell tawel yn hawlio
    fy nghalon i'w annel,
  a gyrraf nes daw'r gorwel
  yn eiddo im, doed a ddêl.

Heno'n ddi-os, siwrne dda yw edrych
    ar belydrau Gwalia'n
  hawlio hwyr â'u ffarwel ha'
  i Lunden ac Inglandia.

Nant Gwrtheyrn

Yn stori'r gwynt, clyw stŵr gwaith; clyw gynio
    y clogwyni eilwaith;
  crefftwyr pennaf â'u hafiaith
  sy'n eiddgar chwarela'r iaith.

Rhieni dros Addysg Gymraeg yn 50 oed

Gwarchod, gwylied pob hedyn â'n dyheu,
    nes o'n daear gyndyn
  o gae i gae daw ŷd gwyn
  â had i'r gwanwyn wedyn.

Pont Tywysog Cymru

Dyma adwy y mudo; gwageni'r
    dyn gwyn yn ymwthio
  ar eu taith i anrheithio
  darn o fyd rhyw Navaho.

Na i dai ha'

Does dim o'i le; mae rheol haearnaidd
    yng Nghernyw'n rhesymol,
  yn rhaid os am Gernyw ar ôl;
  i Walia, hyn sy'n hiliol.

Tai haf

Cyrff heb hedd, cyrff heb feddi, a gadwyd
    mewn gwydyr rhag edwi;
  meirwon oer ein Cymru ni,
  hen esgyrn i'w hamlosgi!

Yes Cymru

Mae yna gân ym mhen y gwynt,
â'i mwmian hi 'mhob man ei hynt;
galwad o gân a glywid gynt.

Nesáu mae'i llais ymhell o hen,
a'i galw hi yn daer o glên,
yn llanw hynt y gwynt â gwên.

A chlywn y diwn â'i mynnu dawns,
am wared siom a chymryd siawns
bob dydd o'r newydd, a mwynhawn

syfrdanu gwedd ein tuedd taw,
a lledu bron, alltudio braw;
herio'n ddi-ofn yr hyn a ddaw.

Hon gân ein byw; ni phlygwn ben
ac edwi'n co' dan haenau cen
yn ufudd mwy; ni fydd Amen.

O'n mewn hen gân ein mwmian gynt
yw alaw'r wawr glywn ar ein hynt;
y mae 'na gân ym mhen y gwynt.

Hyn o fyd a'i boen a'i fai

Y bod dynol

Wyf yr un a fu erioed,
da a drwg yn ôl ei droed;
nid yw dyn yn dod i oed.

O fewn i ddwfn fy enaid,
yng ngwaelod bod, yn ddi-baid
yno cloir Jekyll a Hyde.

Wyf driw i'r lôr, wyf y drin;
wyf heddwch ac wyf fyddin;
hybu'r wyf bob cymod brau
yn ei ganol â gynnau;
rhag ymladd wyf gyfaddawd,
wyf yr un sy'n lladd ei frawd;
er arddel Abel o hyd,
wyf yn gnaf, yn Gain hefyd.

Hawlio'n ôl haelioni wnaf;
gwagio waled os gwelaf
wynt tro â'i larpio, neu li,
neu delediad am dlodi;
ond rwy'n olrhain pob ceiniog,
am ennill iawn, mynnu llog;
wyf fwyn â gwenwyn i'w gôl,
wyf ddi-fai o ddifaol!

Hunlle'r gwir – er gwell, er gwaeth,
anwylaf fy neuoliaeth.

Dyn

Gall – fel y myn ysgallen flodeuo,
    fel dyhead heulwen
  am law – yr un mor llawen
  dollti gwaed a lledu gwên.

Pabi coch

Ennyd o boen wedi byw: hen wayw'n
    cyniwair hyd heddyw;
  boch o gnawd bachgen ydyw,
  deigryn o waed gwron yw.

Hornets

Hedfan isel i hyfforddi peilotiaid Sawdi Arabia.

Ar ryfelwib o'r Fali, amdanom
    y dôn, a phan glywn-ni
  adain trallod yn troelli
  uwchben, yn Yemen ŷm ni.

Byncar Mariupol

Roedd, yng nghornel eu hela, dawelwch
    dod eu heiliad ola';
  ias eirias oer i wres ha',
  i ddistawrwydd hysteria.

Maddeuant

Ar ôl gwrando ar y radio ar gyn-beilot awyren ryfel yn trafod loes ei brofiad yn Irac, yn annisgwyl o gyfrifol a di-frol.

Pan ddeifiaf a chau 'nghrafanc,
dilyn, dal, o wn i danc,
rwyt yno; synhwyro wnaf
dy wyneb di pan daniaf,
a gweld y llygad a'm gwêl
yn llenwi fy holl annel,
y llygad pell â'i wagedd
fel twll y bom, fel twll bedd.

Tanio wnaf! Rwyt ti yn neb;
dienw a diwyneb!
"Nawr boi, hitia di'r botwm
ar ei ben, dychmyga'r BWM!
Hwde'r diawl dy bader; dwed
a weli di fy mwled
i yn dod, fy roced i –
fy nwrn, fy enw arni?"

Tanio wnaf; rwyt ti yn neb …
ond ynof mae dy wyneb
yn llond pob fflach, yn fflachio
ei angau 'nghyn ar fy ngho'.
Dwed nad fy nhynged i wyt,
dwed mai cydwybod ydwyt,
a dwed, cyn dy ffrwydro di
yn ddim, it faddau imi.

Milwr

Fry o'i encil ar fryncyn
y mae'n gwylio wrtho'i hun,
yn barod fel pob arwr; –
y drin i gyd yw'r un gŵr
a'i gapan sgiw, y pen sgwâr,
dur i'w ysgwydd rodresgar.

Sylla'n dawel fel delw'n
hir i lawr baril ei wn;
gwylio rhag dyfod gelyn,
gwylio dod ei frawd ei hun;
gwylio ag urddas iasoer;
gwylio neb, yn gelain oer.

Aberth

I'r werin y mae arwredd; er hyn,
 mae crug o gelanedd,
 mae croes ym mhob oes, mae bedd
 ar agor ym mron gwragedd.

Apartheid

Ni welet elyn, eneth ddu,
    yn wyneb hoff dy ddoli,
wrth ddawnsio gynnau'n bedair oed
    i bladur y bwledi,
a darfod yno'n llygad-syn
uwch daear goch y du a'r gwyn.

Cyn troi a'th adael yn y llaid
    yn sachaid yno i sychu,
fe chwarddodd d'elyn, eneth ddu,
    a'th ddarniog gorff yn gwaedu,
o weld yn dyner dan dy ben
ddwy law o hyd am ddoli wen.

Marchnad

I gornel bella'r warws,
i ryw ben draw heb un drws,
yn bymtheg deg y daw hi
o waelodion y tlodi
at wŷr budur eu bodio,
a'u tamaid rhent am eu tro;
rhoi ei hun, ei holl ar werth
yno'n abwyd, yn aberth
i'r rhain er mwyn cael prynu
ei lle'n yr howld gyda'r llu ...

a daw llaw y Gorllewin,
bodiog law, a mwytho glin ...

Anniolchgarwch

O Dduw, sut allwn ddeall
natur terfysgwyr y fall?
Anwylom eu hanialwch,
estyn llaw dros dwyni llwch
i freintio, goleuo'u gwlad,
rhoi iddynt ein gwareiddiad
heb geisio blingo; nid blys
ond dylanwad haelionus
er mwyn darn o'r manna du;
a rhoesom drwy air Iesu
lun byd heb Allah na Baal –
a'u diolch ydy dial!

Terfysgaeth

Y bychan tu allan i'r tŷ'n cynnig
    pres cinio dan grynu
  bob bore i'r hogie hy
  yn ernes rhag ei ddyrnu.

Talu'r pwyth

Mae 'mywyn dyn reddf sy'n dal
i ddewis troi at ddial
am ddoe; ni rydd maddeuant
iawn am ddoe fel dant am ddant.

Ond pan yw sail ei eiliad
o fynnu iawn yn fwynhad;
pan yw'n hwyl creu poen, yn her,
wyneb loes iddo'n bleser;
ei ddig yn erledigaeth,
pob taro'n niweidio'n waeth;
mi ddaw na fydd maddeuant
am ddoe, dim ond dant am ddant.

Newyddion

Mi awn yno mewn ennyd, o bwyso
      ein bys; mae cyfanfyd
    ar sgrin, a'r gegin i gyd
  yn adlais o'n byw gwaedlyd.

Mae stori'n torri fel ton ddirybudd
      yr aber, ond eto'n
    arafu i fyny'r afon
  er i'r môr hy yrru hon.

Mae'n rhaid hala digwyddiadau yn gynt
      na gair; troi'r profiadau
    eitha' i gyd, pob gwyrth a gwae,
  yn deledu eiliadau.

Bob yn hyn a hyn, rhown ninnau y gwir
      i gyd, bron, mewn geiriau
    ar awr wan; er hyn, parhau
  i wadu wna'n penawdau.

Sut mae rhoi gwerth ar berthyn?

Llawenydd

Dwyn i gof fy eden gynt, – a chlywed
    uwchlaw twrw'r pelmynt
   bryfed anwel a'u helynt,
    sŵn gwair yn suo'n y gwynt.

Galwad

A minnau'n byw yn ne Cymru.

Fe'i gwelwn ar y gorwel
o'r ffarm, ble bynnag awn;
hen gefnen lom Hiraethog
a'i chorsydd brwyn a mawn,
yn cymell, cymell llanc o hyd
i droedio'n rhydd ei moelydd mud.

Er imi ddewis gorwel
heb rug na mignen mwy,
a'r môr yn llenwi'r ffroenau
ymhell o'u cymell hwy,
fe glyw y galon hon o hyd
yr alwad brudd o'r moelydd mud.

Fy nghannwyll

Os llosga'r gannwyll gan bwyll bach, nid oes
    un dim sydd yn sicrach –
  darfod wna'n hwyr neu'n hwyrach,
  cynnau hon yw canu'n iach.

Pont einioes

Myned dan fwa'i meini a wna'r dŵr,
    a does yr un weddi
  all ddal, all atal y lli;
  nid â'n ei ôl odani.

Pam?

Er im geisio rhoi 'ngore'n ei chwynnu
    a'i chynnal yn gymen,
  i'r ardd o hyd o'i gwraidd hen
  i'm herio daw miaren.

Cariad cyntaf

A dorrais ym myw derwen y galon,
    fe'i gwelais ar gangen
  ryw fin nos a'r haf yn hen;
  saeth hiraeth dwy lythyren.

Winc

Llinell i ffonio'n calonnau – a serch
    i su ei negesau,
  a rhed gwefr hyd ei gwifrau
  i roi tinc i gariad dau.

I Sheila
I fy ngwraig ar gerdyn Nadolig.

Wyt mor deg, fy anrheg i, dan dy hud
    nid ydyw yn nosi;
  mae fy wybren eleni
  yn llawn seren dy wên di.

Pen blwydd ein priodas

Dal llaw â'i ddeall tawel, ac yfed
    atgofion ein costrel;
  tro garu tua'r gorwel
  a llwyni Mai yn llawn mêl.

Ffynnon

Pur yw serch fel dŵr y ffynnon,
   heb frycheuyn ar ei wedd;
ac yn nrych y purdeb tawel
   wyneb dau yn profi hedd
yr ymwybod fod eu cariad
yno'n cronni hyd y bedd.

Ac os cyfyd ambell gwmwl
   awel groes i grychu'r dŵr,
fe fydd, yn y cynnwrf, gysgod
   dau'n eu hofn am wneud yn siŵr
pan dawela'r dyfroedd eilwaith
fod dau wyneb yn y dŵr.

Gorchymyn

'Rôl gofyn, 'rôl taer ddymuniad, mi âi
    'paid' Mam yn ymbiliad,
  ac o'i gwthio'n fygythiad;
  'mond troi ata'i wnâi fy nhad.

Gwledd

Diwrnod Nadolig 1969

Nhad adref,
a'r lle yn llawn
o ymwelwyr am alw heibio
i ddymuno'n dda
a llwyr wellhad;
y tebot croeso'n
tywallt gwerthfawrogiad Mam,
tra minnau'n damio
eu haros
a'r cinio'n oeri ...

"O Dad, yn deulu dedwydd ..."
glafoerais y geiriau
dan gil-lygadu'n slei
bob dim a ddôi'n bryd imi ...
"Ein lluniaeth a'n llawenydd."
Ameniais
a sgythru am y wledd o 'mlaen
fel tasai ddim fory i fod ...
heb wybod
fod wrth y bwrdd
ymwelydd na wnes mo'i weled
wedi galw heibio fy nhad,
ac yn gwledda,
yn ei fwyta
fo'n fyw.

Cwsg

Pan fyddaf yma fy hun,
mae fy nhad am funudyn
eto'n dŵad i'w gader
fel bu i gysgu, a gwêr
ei gatied hoff yn rhedeg
am sbel i gornel ei geg,
wrth ryddhau blinderau'r dydd
yn ddiatal, ddiwetydd.

Mae 'nhad, a'i getyn, mi wn i,
yn awr wedi hen oeri;
ond o'i waith, rhywfodd, daw o
at y tân eto heno.

Cwmni

Diwrnod pen blwydd fy nhad – a'i lun ar silff y ffenestr.

Deil fy nhad i lygadu yn f'ymyl
    i'n fa'ma, edmygu
  'ngwaith yn dawel fel a fu,
  a'i lun yn dal i wenu.

Cysur

Cynnal ochneidiau'r galon drwy hiraeth
    hallt yr oriau gweigion,
  ein dal, â galar yn don,
  wna gafael mewn atgofion.

Perthyn

Os bu i'r esgor dorri ein llinyn,
    rwy'n llawn hwiangerddi
  Mam â'i dyheu cyn 'mod i,
  mae'n hymian tu mewn imi.

Ffarwelio

Gafaelon digalondid; ofn gollwng,
    ofn y gwyll sy'n ymlid;
  lliw bedd ei hewinedd hi,
  dal gafael dwylo gofid.

Colli Mam

Yn lle haf ein ffurfafen i'w mwynhau,
    mae'n aeaf diorffen;
  oerodd gwyll lle roedd ei gwên,
  aeth marwolaeth â'r heulwen.

Cri

Mae ceudod, mae gwaelodion
   dwfn ynom na wyddom ni
amdanynt; i'r mud ynom
   araf gasglu'n llyn; i'n lli
o deimladau ymledu,
   a llenwi; ymgronni'n gri.

Lli'n cronni nes daw cryniad
   drwy'n bywyd a'n hysgwyd ni;
creu agen i'n cri wagio
   drwy'i hollt nes ei ffrwydro hi
fel wal argae yn chwalu;
   afon ein llef yn un lli.

Crud

Profiad 40 mlynedd a mwy yn ôl cyn geni Ywain, fy mab hynaf.

Heno, rhywfodd, anoddach
yw i mi gysgu mwyach
heb wefr un symudiad bach.

Trof ben i wrando, ennyd,
ar wyrth dy greu, wrth dy grud;
amau, nes iti symud!

Rwy'n ysu, a nesu wnaf
am eiliad, ac mi welaf
ddwy farblen yn serennu,
wyneb sws ar ôl 'Be sy'?',
gweld pedlo'r coese corrach,
arabedd y bysedd bach,
a siom peidio dy godi –
dagrau dau dy grio di.

A synhwyri di dy dad,
fy ngeirie i, fy nghariad,
yn dy enaid bach dinam
o'r tu fewn i grud dy fam?

Etifedd

Di fy mebyd, fy mabi, fy nghynnwrf
    ynghyn yn dy wythi,
  di holl ddiben fy ngeni
  wyt ohonof ynof fi.

I Ywain

ac yntau bellach yn ddylunydd a pheiriannydd llongau hwylio

O'r cei â balchder y cawn dy gychwyn
    yn dy gwch amryddawn;
  dan wenu cydia'n uniawn
  yn y llyw, a'th hwyliau'n llawn.

  Yn ymagor, mae gorwel
  diderfyn i un a wêl
  o'n traeth hud anturiaethau,
  hud y byd tu hwnt i'r bae.

I Huw

fy mab arall, sy'n bensaer tirlunio

Neuadd hynod a godi: – natur yw
    mortar hael ei meini;
  canghennau'n drawstiau drosti
  â'u dail i'w chofleidio hi.

Lloriau o bridd sydd iddi, – a'r waliau'n
    orwelion o lesni;
  ynni haul i'w ch'nesu hi;
  hydreiddiad heddwch drwyddi.

Ar awel o'i horiel hi daw nodau
    i'n hudo; fe glywn-ni
  gerddorfa'r adar di-ri'n
  rhoi swyn ei chroeso inni.

A blodau gwylltion sy'n llonni ei gardd,
    persawr gwig sy'n llenwi
  nodded wâr dy neuadd di;
  adeilad ysbrydoli.

I Siwan

fy merch, sy'n bianydd

Daw enaid nodau inni – o fiwsig
    dy fysedd, a'n toddi;
  a gwneud i'r galon lonni
  wna dawns dy gyfeilio di.

Wyt law ein halaw felys a'i murmur,
    yna'n hantur heintus,
  ein sain heriol soniarus,
  ein swyn erioed, Siwan Rhys.

Twm

fy ŵyr bach pan oedd yn 10 mis oed – mab Ywain

O'i wên fel heulwen, i'w floedd yn y wawr,
    a'i chwarae am hydoedd,
  heddiw'n ei wedd Ywain oedd,
  yn ei wedd fy mlynyddoedd.

Prysurdeb

Â'i ddawn yn newydd o hyd, – 'rôl agor
    ei Lego, i wynfyd
  yr â plentyn mewn munud,
  i'w chware bach – a chreu byd.

Cist y daflod

Cuddfan fy hoff deganau – o'i hagor
    dry'n ogof trysorau,
  a minnau'n ôl yn mwynhau
  eu haur, fel ddoe, am oriau.

Breuddwyd plentyn

Byw ar aelwyd sydd heb reolau
  lle bydd pob awr yn awr o chwarae,
pob dydd yn ŵyl, yn amser gwyliau,
  newydd o hyd ei ryfeddodau;
digonedd o deganau ddydd a nos;
O am aros o fewn ei muriau!

Un o'r wig yn bedwar ugain

i Modryb ar y diwrnod arbennig hwnnw

Ers erioed, tueddiad coeden
yw i wydnhau wrth fynd yn hen;
ei harafach, ddylach ddeilio'n
hydre o hyd, a'i chefn ar dro'n
ogwyddol – ond heb blyg iddi,
i'w stiffrwydd rhychiog, ceinciog hi.

Ond mae un o'r coed mwy heini,
yr erys sglein ar ei rhisgl hi;
yr un â'i sug heb droi yn sur,
helygen fel Mai ei blagur,
helygen dal, ac yn deilio
yn ir, barhaus, yn falchder bro
â'i llun hardd; coeden llawn urddas
heb bylu yw, yn goeden plas.

Os mymryn yn hŷn ei phren yw,
gosgeiddig y goedwig ydyw.

Diffodd

O bawb, mor heini wastad fu ei cho'
    yn adrodd salm neu gerdd, y geiriau i gyd,
yn llyfrgell o gyfrolau hynt ei bro
    a'i hanturiaethau'n iau yn concro'r byd.
Ond dro yn ôl, dihiryn ddaeth i'w hwyr
    a symud ei chyfrolau yn ddi-lun,
gan adael llyfrgell oes yn ddryswch llwyr
    lle gynt y gwyddai'n union le pob un.
Ar chwâl 'r atgofion fu bob un yn grair,
    hanesion bach a ddeuent gynt yn drên,
nes aeth ei bwrlwm sgwrs yn ambell air,
    a'i hambell air yn ddim ond ambell wên.
Ac yna'r niwl lle nad oes ond dim byd;
mae wedi mynd tra yma mae o hyd.

Hunlle

Wrth brofi gofid cyfnod y pandemig, a meddwl am ddewrder fy ewythr a ddaliodd y Covid yn 96 oed, ei ymladd, a'i drechu.

Es neithiwr draw, draw drwy wig
y cysgodion cysgedig,
a'r haul yn hwyr i'w wely;
minlliw o baent man lle bu'n
nesáu a dweud ei 'nos da'
ar foch goch y brig ucha'.

Nos da, ac ust o awel
yn noswylio-dod i hel
siôl cysuron hinon haf
yn dynn a chlyd amdanaf;
a hud nodyn deryn du
yn hawlio'r ymdawelu.

Synnais am fod ei nodau'n
rhan o'r wawr a hi'n hwyrhau;
â'r un hwyl, bwriai i'r nos
aria'r bore heb aros,
rhoi ei gân i herio'r gwyll
hynny 'allai rhag ellyll.

Tra canai, synhwyrais i
hyd war fyseddiad oeri
yn bodio gwallt, a bod gwig
y cysgodion cysgedig
yn gysgodion aflonydd,
bod ysiad ffroen ar groen grudd.

Rhewais. Anadlai rhywun
ynof fi nad mi fy hun;
bwgan y fall, â'i fallter
i mewn yn nychryn y mêr,
yn ias fyw, fel chwysfa haint,
ias gafael mewn ysgyfaint.

A'i afael yn llysnafedd yn y fron,
　　yn fraw didrugaredd,
　yn bwysau fel feis bysedd,
　yn wyneb oer yn y bedd.

Wyneb a lenwai ganwaith y diwedd
　　rhwng düwch a gobaith
　yn y dim nad âi ymaith,
　isfyd yr ymaflyd maith.

Yn wyllt fy mhang, crafangwn o'i waelod
　　at olau na welwn;
　â'u safnau'n cau, ffoi rhag cŵn
　y gwyll i'r wawr, pe gallwn.

Ffoi o gyrraedd gwaedd y gôl; gwaedd fy awr,
　　a gwaedd fud fyddarol;
　y waedd, o'i rhoi, fydd ar ôl
　yn gweiddi yn dragwyddol.

Gwaeddais. A dihunais. Do. Anadlais.
    Ac anadlais eto
  yn ddi-saib, nes aeth heibio
  sarff a'i hofn i'r nos ar ffo.

Yn hwyr o hwyr, a'r oriawr
yn troi o raid tua'r wawr,
ciliodd y braw i'r awel
ddaeth heibio eto i hel
siôl cysuron hinon haf,
a'i hestyn yn glyd drostaf.

Trois fy mhen at y ffenestr
a gwên y golau, ac es
draw, draw yr eildro drwy wig
y cysgodion cysgedig;
ac wrth fynd, cân deryn du'n
gyforiog o yfory.

Llys

O'm mewn noeth, a minnau'n hŷn,
yn cnoi enaid mae cnonyn
ddaw i fewn i guddfannau'n
y cof y ceisiwn eu cau;
tyrchu i'r fan lle mae hanes
yr un wyf a'r hyn a wnes.

Gwaedda mai euog oeddwn;
nid oes rhagddo guddio, gwn;
a gwn y bydd dydd yn dod
i wynebu cydwybod;
yr amser imi erlyn
a chroesholi fi fy hun.

Man gwyn

Mae'r seren wib fu'n llenwi
ffurfafen fy eden i
yn daer ei galwad o hyd,
a saif fy enfys hefyd
uwch trysor hud y gorwel;
yn hud i'w ddal, doed a ddêl.

Canys gwell yw'r lwc nis caf,
yn well yr hyn na allaf;
ni ddaw hedd heb ufuddhau
i flys yr afal eisiau.
Er perchen yr eden hon,
myrdd o hyd fy mreuddwydion.

Ond wedyn ...

Er i mi, holl lwybrau 'mywyd, ddyheu
    am ddianc i wynfyd,
  i'r un lle, bro fy mebyd,
  'r af yn ôl, yn ôl o hyd.

Twyll

Toedd o'n llanc
yn plannu cusan hir
ar geg ei ffag gynta,
cyn gollwng ochenaid foddhaus
o fwg at ei fêts.

Toedd o'n llanc
bob cam
o'r filltir llowcio mints
rhwng bws a thŷ;
ei fol yn fuddai fwg,
a'i wyneb balch yn galchen.
"Na, Mam,
wna i'm smocio eto.
Wir yr!"

Heddiw'r un llanc
yw'r truan melynfys
sy'n tanio ffag arall,
a'i wefusau crynedig
yn ysu am y gusan gynta
cyn i besychiad
ddiffodd y fatsien ...

Torri'r arfer

Rhag aflwydd pair ei gyflwr,
gwyddai na ddylai'n ei ddŵr;
gwyddai y dôi'r tragwyddol
ysu, ysu yn ei ôl –
tan heddiw wrth i rywun
yn y parti gynnig un;
'mond ei flas am ennyd flêr,
gafael gafael, ac ofer
fu llef ei iau â'i holl fod
yn gwrando ar ei gryndod;
'mond un diferyn a fu
i greu afon o grefu.

I Wynford Ellis Owen

Sylfaenydd y Stafell Fyw, Caerdydd, sy'n rhoi cefnogaeth i rai sy'n ymladd dibyniaeth.

Yn y gwadedd roedd gweddi unig, daer;
    ac o'i dweud, corneli
  tywyll, pell d'ystafell di
  a lanwyd â'r Goleuni.

I Carol Hardy

ar adeg ei hymddeoliad o'r Stafell Fyw, Awst 2021

Mor ddewr y gwnest ti estyn i eraill
    nad oedd fory iddyn'
  dy obaith ar y dibyn,
  a'u dal, lle buost dy hun.

Ras

mewn ambiwlans i gyrraedd yr ysbyty mewn pryd

Wyneb mam yn fraw'r ddamwain,
gwefus yn ofidus fain;
ei bachgen bach, gwyn ei byd,
yn ei hymyl heb symud,
a nodwydd ei guriadau
a'i higian nawr yn gwanhau.

Hithau yn gwthio, gwthio,
uno'i nerth â'i galon o;
yn cyd-deimlo, cydymladd
yno'i loes – yn cydymlâdd;
ac yn nwfn ei chroth, hen gno'r
gwahanu'n lloerig yno.

Y canlyniad

Profiad mam ifanc

Heno caf, caf o bob cwr
neges yr arbenigwr;
tawel ddweud tu ôl i ddôr
fod y diwedd yn deor
yn fy mru; ei wely aeth
yn wely i farwolaeth.

"Dos di, fy mychan annwyl.
Gwylia loes! Dos i gael hwyl.
Anweswn cyn daw noswyl ..."

Yn y groth fu iti'n grud,
yn hafan rhag pob clefyd,
y mae pang cario angau,
y mae ei wâl o'n trymhau;
fy nhu fewn i hwn yn faeth,
i glefyd yn ysglyfaeth;
yno'n gynnes, rwy'n geni
fy nifa'n fyw ynof fi.

"Dos di, fy mach, paid crio;
dos at Dad heno i swatio,
i'w gôl iach a diogel o."

Eglwys Sant Ioan, Caerdydd

Yn nrycin bywyd dinas, ym merw
    y miri o'i chwmpas,
  boed croeswynt, boed cerrynt cas,
  is ei hwyliau mae solas.

Â rhu'r byd hwn ar bob tu, is ei dec
    nid oes dim yn tarfu;
  yno'r hedd yw'r unig ru,
  mae dilyw ymdawelu.

Bob dydd heb eithriad, ar aden gobaith
    ymaith yr hed clomen,
  a bydd nes daw'r daith i ben
  yn dal i gyrchu'n deilen.

Cyfeillgarwch

gan gofio cydgerdded mewn storm o Bwllgwaelod i Drefdraeth yng nghwmni Rhodri Gwynn Jones.

Yn y dilyw, brawdoliaeth; – yn llid gwynt
    lledai gwên cwmnïaeth;
  mwynhau'n well â'r storm yn waeth;
  bonws oedd y gwlybaniaeth!

I Dafydd Islwyn

ar achlysur bod yn Ysgrifennydd Barddas am 25 mlynedd

Cynnal ysbryd ei fudiad – wna'i d'wysydd,
    ac nid oes ymroddiad
  i gario'r swydd, 'does grwsâd
  i ragori ar gariad.

I John Glyn

ar achlysur ei ymddeoliad

Llyw dawnus, heb wylltineb; wrth herio
    neu ildio, anwyldeb;
  dweud â thân, a doethineb;
  dweud, a gwneud, heb ddigio neb.

I Alwyn ac Angharad Harding Jones

ar adeg eu priodas arian – Alwyn yn bensaer

Nid yw waliau'ch adeilad yn gwegian
    nac agor eu hasiad,
  am fod mortar eich cariad
  yn cydio'n sownd, eu cadw'n sad.

I Dewi Pws

ar achlysur ei gael yn ŵr gwadd Clwb y Dwrlyn

Sbarc afiaith, troi'n sbri'r cyfan yw dy raid,
    hogyn drwg y llwyfan;
  boed jôcs neu giamocs neu gân
  y direidi sy'n drydan.

Priodas ruddem Gordon a Helen Middleton

A Welsh girl's smile beguiling, an' a Scot
    in his kilt all charming,
  afloat in a Highland fling
  held once, and yes, still dancing.

I Ifan Roberts ar ei ben blwydd arbennig

Mewn oes prin gymwynasau – hybu dim
    heb dâl – erys seintiau
  yn ein plith, ac rwyt tithau'n
  un ohonyn' yn ddi-au.

Yn annog, yn cefnogi; wyt roi hwb
    trwy wên dy gwmpeini;
  wyt dro annwyl, triw inni,
  ein mêt, hyn, a mwy, wyt ti.

Eang ddyfnion dy ddoniau; drwy egni
    dirwgnach, rhoi d'oriau,
  Ifan, wnest, i ni fwynhau
  y Pethe'n dy gampweithiau.

Hwyliog o raid, a direidus; yn feistr
    y rifíw a'r sgetsys;
  deifiol, di-frol, a rhyw frys
  hamddenol, ond am ddawnus!

Rhannu d'allu â didwylledd; rhoi i sgwrs
    ei gwên, ond â sylwedd;
  i dwll dadl mewndywallt hedd;
  hyd 'Amen' dy amynedd!

Ni chei eurdorch am dy orchwyl, na gong!
    Ond gair sy'n dy ddisgwyl
  ar-lein gan Carlo annwyl,
  iddo wneud dy flwydd yn Ŵyl!

Closiwn atat gan ddatgan, – rwyt (y cnaf
    o'r Tŷ Cnau, Cefn Bychan)
  i ni oll, yn ddiwahân,
  yn gyfaill, yn gu Ifan.

I Glenys Roberts

Prifardd coronog Glyn Ebwy, 2010, ar achlysur dathlu ei champ

Ddoe, a gwawr drwy ardd geiriau,
yn llawn hud y llwyni iau,
gwelais goeden yn llenwi
yn hwyr ei changhennau hi;
dal yn ôl tu ôl, a'r tw'
yn dw' swil a disylw.
Eithr hon a arhosai'i thro,
a dyheu am flodeuo.

Eleni, hi sydd lawnaf
drwy yr ardd o flodau'r haf;
blodau geiriau, sy'n goron
hardd i ddail cyfaredd hon.
Daeth i oed, ac yn goeden
na all llwyn gymryd ei lle'n
y golau'n awr. Gwelwn hi,
a dotio'n ddi-baid ati.

Croeso, Osian

Mab bach i Gwion a Sarah Dafydd. Mae Dafydd Timothy (ei daid) a Gwion yn gricedwyr brwd.

Ein caredig Greawdwr a welodd
    Walia heb gricedwr;
  siom ei haros am arwr.

Tosturiodd, do, a rhoddodd wib Guto
    gyda dwylo daliwr
  yn Osian, greddf y maeswr.

Mi ofalodd am fowliwr dihafal,
    am roi deifiol droellwr,
  ail Groft chwil â'i grefft chwalwr.

Yna'i fetel yn fatiwr di-ildio
    â'i waldio, yn chwechwr;
  all-rounder, Sobers yn siŵr!

Ymson mewn côr meibion

Mae ias tu hwnt i'r miwsig
a gwefr tu hwnt i'r gân
i'w chael heb inni chwilio
ymysg y nodau mân.

O rannu hud 'run nodau
cwyd hwyl rhwng bois cytûn;
hen harmoni cwmnïaeth
sy'n 'n hasio ni yn un.

I Menna Thomas

arweinyddes Côr Merched y Garth a Pharti'r Efail – athrylith ym myd cerdd dant

Gweld gwaelod dy osod di ni allwn
    o wyll ein dehongli;
  mae angerdd, mae 'myw cerddi
  liw a naws nas teimlwn ni.

Y parti cerdd dant

ar gyfer Parti'r Efail

Nid hoffter swyn cynghanedd,
na melys atsain tant,
sy'n denu parti dynion
i ganu ar gerdd dant,
ond llu'r partïon merched del
a fydd gefn llwyfan yn ymhél.

Rhoi gwefr i'n harweinyddes
wna gosod 'mhell i'r nos,
gan briodi rhin y geirie
â swyn yr alaw dlos;
ond mae'i holl waith yn ofer, wa'th
mi ganwn bopeth yr un fath.

Rhoi'n bryd ar gynnal brawddeg
wa'th faint mor hir a wnawn
heb saib er mwyn trosglwyddo
ei hystyr coeth yn iawn
nes bod ein hanadl yn rhedeg mas
a lliw'n hwynebe'n troi yn las.

Mae'n bwysig gwneud wynebe'n
sy'n gweddu i'r geirie i gyd,
boed angerdd, neu lawenydd,
neu hiraeth trist o hyd;
y geirie gore gennym ni
yw'r rhai am serch a 'wyddoch chi ...'

Dim ots os bydd y delyn
yn araf, neu o'n bla'n;
dim ots os gwnawn ni fethu
dod mewn 'run lle yn lân;
tu fewn i ni mae pleser plant
pan rown ddatganiad ar gerdd dant.

Direidi a'i droadau

Ffoadur

Posmon llon, â'i wep fel llwy,
yn naidredeg drwy'r adwy
i'r hewl, cyn troi, a sgrialu,
a rhesi daint yr ast hy
yn sownd yn ei drowsus o;
yna rheg, a sŵn rhwygo,
sŵn bygwth – sgrech – sŵn begian,
yna ras fawr am ddrws fan
agos, hirnos o siwrne,
a'i lais clir yn llenwi'r lle
â geiriau coethaf gwerin,
ac olion daint Gel 'n ei din!

Cwmsgwt

Nid hawdd mewn cwm naw tyddyn
ydy hel tîm pymtheg dyn;
ond cewri i gyd, garw'u gwedd,
rhai o graig ydy'r gwragedd,
cryfion fel Samson, yn sur
a blin, nhw ydy'r blaenwyr!

Agor ffos eu hymosod,
arswydo oer sy' i'w dod;
dwylo mawr dal meheryn,
yn gwybod lle i daclo dyn;
trechaf ym mhob ymrafel
a byth yn gollwng y bêl!

A dyna pam, rwy'n amau,
fod arwyr y bur hoff bau
am osgoi chwarae Cwmsgwt,
argoel bydd mwy na hergwd
dan y belt i'w hw'nebu hwy
funudau'r poen ofnadwy.

Clywsant am gyrff yn cleisio:
Llewod glew'n lliw lludw glo;
a'r Gleision lawer glasach,
yn wawr biws yn ara' bach;
ôl dioddef y Gweilch hefyd;
Sgarlets yn sgarlets i gyd!

Yna'r gêm gyfeillgar fu;
cewri enwog yn crynu;
Alun Wyn fel oen unig
yn gweld bedd y dannedd dig;
Dan Biggar llwyd yn begio,
Ken Owens dros ffens ar ffo.

A clatsh! Rhys Webb yn cael *hit*,
a *Sumo* i Rees-Zammit;
corff Lydiate yn wastatir,
Faletau yn fflat a hir;
a thrwy'r wybren fel gwennol
aeth George North i'r north yn ôl!

Roedd ar ben ymhen munud,
ein cewri ryc ar eu hyd;
dynion o nerth yn gweld nos,
brwyn yn wynebu rheinos,
ac am osgoi maes y gad
Cwmsgwt, y cae am 'sgytiad.

Y Dyn Sâl

Helô! … Ydach chi'n o lew?
Ylwch … Sgennach chi olew
y cod lifar i'w sbario?
O! Diawch! Dwi 'di rhydu, do,
o glun i ben-y-glinie,
dwi'n shyfflo llusgo 'rhyd lle.

Lwmp caled, medde'r medic,
yn y *groin* … ia … rhyw gric
yn y fforch rhwng cig a ffat
yn fy mrifo'n fy mhreifat;
'run fath â chrafiad rhathell,
yn boen sy'n cyrraedd yn bell.

Duw a ŵyr, dwi'm hanner da
wastad, mae'n biti drosta':
mae annwyd i mi'n niwmonia,
pwl o wynt sy'n wythfed pla;
thermals, dŵr poeth, a wermod,
stôr o bils 'di ystyr bod.

Pa sens? Dwi'n teimlo'n ypsét
ers dw i ar grash deiet:
dim ffat, na byta tatws,
na thartan, bara na bŵs;
yr arlwy – byw ar Horlicks,
a ffa … a syryp-a-ffics.

Liw nos, wir, dwi'n teimlo'n sic;
yn un cwlwm poen colic.
Mae awyr yn fy mowyls
yn garglo, pwmpio fel pyls;
a hong llac fy nghylla i
yn jig gàs, fel jacwsi.

Na wir, mae o'n embaras,
w'chi, mewn cwmni'n beth cas!
Dal, ymatal ers meityn,
y lle 'nghau, a gollwng un!
Neu sŵn clap ar sêt capel,
bybyls iach ger bobol swel.

Dwi'n ddiddig wael; dwi'n ddi-gic;
dwi'n cael annwyd yn 'clinic!
Gen i garreg, lymbêgo,
y drŵps, a cholon ar dro;
dwy glust â'u gagle o wacs,
ewinthrew – gen i anthracs!

Parêd o blorod wedyn,
yn goch ... efo pennau gwyn ...
Gen i naw! Eu gwasgu wna'i
yn dyner; rhoi odana'i
i eistedd mewn Domestos,
bron i awr, bore a nos.

Bob bore Haliborenj,
a siwet jiws ... at y tjênj.
Dim dyheu, mwy, – O diar!
Dewis bod yn y llofft sbâr
bellach wna i, ddyn diddim,
a'r Fiagra'n dda i ddim.

Heibio daeth fy sel-bai dêt;
dwi'n sâl o hyd yn solet;
cario 'nghroes, a goroesi
o ddydd i ddydd fydda i.
Fy nef, boed aeaf neu ha',
yw amau fydda i yma!

Fel watsh?

Fel corcyn, rwy'n methu'n fy myw – â mynd,
 fy mol, concrid ydyw;
 ces wledd o gyrri heddyw,
 a mater o amser yw!

Nos Wener yng Nghaerdydd

Cyn pump ar bnawn Gwener, fel tase hi'n ddeddf,
mae miloedd swyddogion yn dilyn rhyw reddf
i ollwng pob peth, a gwagio ynghyd
bob stafell, pob llawr, pob swyddfa 'mhob stryd;
yn cilio cyn cyrchoedd yr hwfers glanhau,
a llygad pob sgrin cyfrifiadur ynghau;
fel morgrug yn nabod eu ffordd at y nyth,
mi heidiant i'r dafarn agosaf yn syth.

A draw'n y Waun Ddyfal mewn tai rhentu llwyd
mae 'na ddeffro a chwilota cypyrddau hen fwyd;
myfyrwyr liw nos – sy'n cysgu'n y dydd –
o'u blinder, tua phump, yn adfywio sydd ...
yn barod eto heno i ymgolli'n llwyr
yn addysg ragorach prifysgol yr hwyr;
fel morgrug yn ateb rhyw alwad o'r nyth,
mi ânt am y dafarn agosaf yn syth.

Mae 'na wragedd ffrog *sequin*, 'rôl *facelift* drwy'r pnawn,
yn camu o'u Lexus a'u hambags yn llawn;
brodorion tatŵs efo Mohican cyt
yn swagro'n sigledig, a phob gair bron yn 'byt';
a merched hy, bolnoeth, o raen *ready meals*,
sydd allan yn hela mewn sgidie *high heels*;
fel morgrug yn gwthio drwy'i gilydd i'r nyth,
mi fynnant y dafarn agosaf yn syth.

A heno, nos Wener, mewn pentre bach clyd
fan hyn yn y gogledd, mae miri'n y stryd;
y dafarn yn ferw llymeitian a chân
fydd yn orlif i'r pafin pan ddaw'r oriau mân;
ac wrth i'r gwynt gludo'r blas sglodion yn nes
mae'r pentre'n troi'n Ddinas, a'r sgwâr yn troi'n Hayes,
a minnau, forgrugyn, ar lwybr y nyth
yn dilyn atgofion; dwi yno yn syth!

I John Elfed Jones, Gwilym Williams a Tom Price

Beirdd 'Yr Hogwr', i ddiolch o galon am gopi o'u casgliad
'Cofio cyfnod y Covid'.

Pill i gyfarch camp hen
triawd triw yr awen
a rhoi clap i'r tri clên.

Ac i gwyno am yr anhawster odli dybryd sy'n deillio o'u cyfenwau.

Ni ches, wrth lunio cerddi
   di-ri fy mydol daith,
'rioed enwau mor anhylaw
   i'w cyfarch, dyna ffaith;

mi chwiliais drwy'r Geiriadur
   am holl stumiadau'n hiaith,
a chribais, do, drwy resi'r
   Odliadur lawer gwaith

heb gysgu winc am ddyddiau,
   nes bod fy marf yn faith,
fy nghorpws stôn yn sgafnach,
   fy nhafod fel y paith;

nes dod i'r casgliad tristaf,
   y siom sy'n gadael craith,
y degfed o Orffennaf
   am funud wedi saith,

nad addas yw mesurau
   beirdd Caerwys gynt a'u rhaith,
nad oes mo'u cynganeddu
   'run ffordd, na'u hodli chwaith;

ac felly, rwy'n encilio
   â'm grudd yn llwyd a llaith
fel Tudur gynt at Frodyr
   sachliain nad yw fraith.

Blas ar fwyd

Tynnu coes Berwyn Roberts

Ni'n dau yn siopa'n dawel 'rhyd yr eil
    i'r drol wrth y gornel,
  ar orffen bron, dim ond mêl,
  cnau a madarch cyn 'madel.

Ond ar y gair, bytheiriad eirias aeth
    drwy'r siop. Daeth llond troliad
  o eiriau glas gorau gwlad
  rhwng mynych sych besychiad

o'r eil nesaf. A chafwyd hwrdd y gwynt,
    a'r ddau gownter trymfwyd
  yn ymyl a tswnamwyd
  yn bell, gan ddychryn y bwyd.

Crynodd y macaroni ar y silff,
    a'r reis oedd fel jeli'n
  ymyl y lard. Yr Elmlea
  a drodd; surodd y sieri!

Ail fytheiriad, a'r hadog a neidiodd,
    at y cod a'r eog;
  fflipiodd, crimpiodd y crempog;
  caled lwmp y siocled lòg!

Fy nhrol mewn ofn a roliodd at y wal;
 llais y til lewygodd;
 boi'r Deli a weddïodd,
 ac i'r ffordd dan grio ffodd!

Tra ar stop y siop yn syn, yn holi,
 dyfalu, sut goblyn?
 wel rownd y gornel ar hyn
 â'i iaith bur y daeth Berwyn!

Sgwrs rhwng pysgodyn aur a babi

P   Ail sâl i fy mybyls i
       yw bybyls o geg babi!

B   Drycha, y didda diddim,
       yn dy aur ond yn werth dim,
       ymwibio rownd heb ddim brên
       yn foliog yn dy fowlen ...

P   Sugna wynt! Ych, cas gen i
       staen bybyls o din babi ...

B   Drycha'r cegog ymdrochwr,
       'na ddwl gneud gwely'n dy ddŵr!

P   Wel un gwir yn sicir sy' –
       dylach gneud dŵr 'ndy wely!

Brysia adre!

i Idris, cyfaill yn yr ysbyty

Am lenwi'r locyr efo bŵs,
   a chuddio'n slei tu ôl i'r drws
pan ddaw y nyrs yng nghanol nos,
   am weiddi 'Gwaed!' 'rôl gwagio'r sos.

Am fynnu cosi traed rhyw glaf
   ac yntau wrthi'n cysgu'n braf,
a dwyn syrínj a sgwyrtio dŵr
   ar draws y ward i geg y gŵr.

Am hogio'r bath am dros ddwy awr
   a sblasio sebon dros y llawr,
am sglefrio ar y troli te
   fel ras tobogan 'rhyd y lle.

Am droi y gwely'n drampolîn,
   a phinsio'r staff-nyrs yn ei thin,
a llorio'r doctor, glatsh, mewn ffeit –
   mi gei ddod adre'n fuan reit!!

Trafferth mewn llyn

Brynhawn o haf a'r afon
a'i braich am y dolydd, bron;
glaw Awst wedi chwyddo'i glan
yn lli oediog a llydan;
a'r llynnoedd, oedd yn ddi-hid
y ddoe, yn llawn addewid.

Dacw fo'n dod, dod ar dân;
o'i gôt i'w fag pysgota'n
llawn cynnwrf, llanc â'i enwair,
hir ei gam drwy wlychfa'r gwair,
a'r pellaf yw'r pwll a fyn,
hawlio lwc ei hoff lecyn.

I'r coed o'r cae, mae'n y man
o'r golwg ger y geulan;
dringa'n is dan y pistyll
i'r gröydd cudd heibio'r cyll,
lle mae rhu llam yr ewyn
i lawr i grochan o lyn.

Rywle yn nhro ei waelod,
yno heb os, mae O'n bod!
Anufudd iawn a fydd o;
un o dras naid a rasio,
dall o wyllt a lli-holltwr,
marlin o sewin yn siŵr!

Yn abwyd, rhy'r llanc fwydyn
tew a iach 'run hyd â'r tun
i oglais ei fol llwglyd;
yna castio'n gyffro i gyd
i'r union le, lle mae'r lli'n
gwagio y bwyd i'w gegin.

Halia (gan ddisgwyl helynt)
â dwy law, a dal ei wynt;
sadia rhag dod plwc sydyn
digon cry' i dynnu dyn
dros y dorlan dan y dŵr
yn ddihafal o ddeifiwr!

Yn dwt mae'n castio eto,
a llawn ffydd y trydydd tro;
a hei, yn nyfalbarhad
y mwydyn mae symudiad,
a dwyn y lein; mae'n dynnach!
Oes wir, heb os, ar y bach

mae'n rhywbeth mwy na'r abwyd,
ella wir mai'r marlin llwyd!
Dyna yw! Mae'i dynnu o
yn galed, ond o'i gael-o
i'r dŵr bas daw'r frwydr i ben,
yn gwingo mae hen gangen!

Yn awr, â mwydyn arall,
mae'n ei daflu hynny a all
fel harpŵn draw i'r dwndwr
ond Ow, ni phlymia i'r dŵr,
ond mynnu bachu uwchben
ar ddyrys frigau'r dderwen.

A'r fan ry uchel, rhy faith
ymglymog i'w gael ymaith,
rhaid colli'r bach heb achwyn;
dim ots bod y pysgod mwy'n
rholian drwy'r dŵr i'w wylio
yn ffwdan ei drwstan dro.

[Oes gradd am osgoi gwreiddiau?
Os felly 'i methu y mae!
Oes prawf mwy sobor hefyd
na gỳt sy'n tanglo i gyd?
Daw i'w ran Gadair a'i hedd
am ei hynod amynedd!]

Ddwy awr yn ddiweddarach,
er bod haid o biwiaid bach
yn dod â'r nos i'w gosi,
dal o hyd i gastio i li
y llyn wna'n ffôl, yn llawn ffydd,
ar lan yn grëyr o lonydd.

Heibio rownd a rownd yr â
ei wylaidd fwydyn ola'
nes oedi, yna'n sydyn
daw sioc, daw plyciadau syn.
Ni fu 'rioed gymaint o frys
am yr abwyd mor rheibus!

Yna, heb ras na sblasio,
heb un naid (hen ben yw o),
mynd i hafn y man dyfnaf
â thanc o nerth wna y cnaf;
hyd ymlâdd ymladd yn ôl,
a thynnu'n ffroth ewynnol.

'Sgodyn craff, a hogyn cry'n
wan gan nerfus gynhyrfu,
yn gwylio plyg ei wialen
a sewin nos yn ei wên,
syllu i wyll astrus y lli
yn daer, ofn i'r lein dorri.

Ac mae yn amlwg mwyach
fod i'r awr fawr rwyd ry fach,
a gwell ei lusgo allan.
Ar ôl oes mae'n dod i'r lan,
ond arswyd, yn y llwydwyll,
sewin? Na, llysywen hyll!

Un faith, fel lefiathan,
ymwibio mae i bob man,
yn llysnafedd gordeddu
am y lein yn glymau lu,
a blys yn ei llygaid blwng;
gwell y gyllell a'i gollwng!

Drwy reddf am y dŵr yr â'n
daflannel, a diflanna!
Yntau'r llanc ar fanc yn fud,
yn siom a braw disymud,
a staeniad hallt ei mallter
ar ei gôt, y bag a'r gêr!

Â chyth o air, cyfeirio
ei drem am adre mae o'n
ddiamynedd am unwaith;
adre o faes ei frwydr faith
â'r hunlle hir yn y llyn
anlwcus, ei hoff lecyn!

Taro'i bac cyn troi ei ben,
a wir, o dan y dderwen
blaen trwyn sy'n dod i'r wyneb
yn ddiddos glòs i'r graig wleb:
yno'n chwerthin, sewin sy',
a'i lygad ddim-ar-lwgu!

* * *

Mae aflwydd yr ymaflyd
yn llyn cof y llanc o hyd,
cofio y castio costus,
nawn heb lwc, ac yna blys,
a'r awr o ymladd, a'r wên,
a nesáu y llysywen!

Yno dal i fynd ar dân
â'i enwair wrtho'i hunan
y mae'r llanc, am her y llyn
lle mae rhu llam yr ewyn;
yn reddfol â'n ôl o hyd
i'w haf – a'r sewin hefyd!

Hyn ydyw elw y Nadolig

Nos Iau cyn y Nadolig yng Nghaerdydd

Noson y siopa hwyr

Nos Iau mor farus yw hon;
nos Iau'r wynebau surion;
stwffio, gwthio, bygythian
yn enw'r Iôr; am fod yn rhan
o'r ras i gael trash o god
y Nadolig diwaelod;
eisiau'r cwbl cyn amser cau'n
ddiamynedd – a minnau!

Sŵn ceir o'r nos yn cario; sŵn bysys
    yn bwysig; sŵn refio;
  a thwrw rhai'n bytheirio
    yn y ciw, bron 'mynd o'u co.

Sŵn til ar frys, sŵn talu trwy'r enaid;
    rhieni'n sgyrnygu
  yn y drws, wedi drysu
    yn sŵn y plant sy'n eu plu.

Rasal o lais canwr Slade, a hyrdi-
    gyrdi 'run hen stribed
  garolau agor waled
    yn bwrw'r corff 'mhob arcêd.

Adlais y fyddin sodlau yn oedi'n
    Herodol; picellau
  y clebar; bît y clybiau;
    a synau syn Ei nesáu!

Yng nghanol y ffair foliant,
drwy holl gwyno plesio plant,
yn nheml sŵn, fe'i teimlais hi –
traw gitâr y gwteri
a'i halaw – yn fy nilyn;
jig eneidiau'r tannau tyn
a'u dawns fel chwa o dinsel.
Yn hud ei sbort, oedais sbel,
a sain cainc ei miwsig hi'n
y waliau a'r corneli'n
ddiatal; siglai calon
y ddinas oll i ddawns hon.

A rhyw wyrth a geid lle'r oedd
ei direidi'n y strydoedd;
sŵn cael i'r nos yn cilio;
sŵn traed yn asio'n eu tro
gyda thraw ei halaw hi
nes iddynt ddawnsio iddi.
A hawliodd dinc y tiliau;
dilyn sŵn bydol nos Iau
a'i anwylo'n gyfalaw;
llenwi'r lle wnâi hon, a'r llaw
ar gitâr y gwteri
yn chwarae fy nhannau i.

Gwenu wnes; daeth gwên yn ôl;
nos Iau'r wynebau siriol!

Ac uwch Byd a'i wg, uwchben
yn siriol dawnsiai seren
i jig y Greadigaeth,
a'i gwên hi i'r Un a'i gwnaeth.

Fry yn yr awyr ...

Uwch byd fflach-bethau, uwchben goludog
    oleuadau'r goeden,
  yno o hyd yn ein nen
  aros y mae Ei seren.

Ni'r doethion ...

Ai ni tros dwyni sy'n dod yn wylaidd
    gyda'r golau hynod
  i'n hwynebau, gan wybod
  heb os fod Iesu yn bod?

Ni'r bugeiliaid ...

Oedi ŷm fan draw'n lle dod ar un waith
    o'r nos i'w gydnabod;
  rhoi'n hunain i'r Un hynod –
  Bugail heb ail iddo'n bod.

Carol y tri anifail

Y camel
Os araf a thrwm fy ngherddediad,
a thrwsgwl fy nhuth a di-lun;
os styfnig a blin yw fy nhymer,
chwerthinllyd o hyll yw fy llun;
'mond fi allai gludo y brenin
drwy'r anial, sy'n drech na phob dyn,
a llwyddo i ddilyn y Seren
at Fab y Creawdwr ei hun.

Yr asyn
Rwy'n gwybod fy mod gyda'r isaf
ei barch o greaduriaid y byd;
mai cario trwm feichiau fy meistr
yw 'mywyd llawn gwawd, byr ei hyd;
ond at ben y daith, ni wnaf wegian,
dioddefaf y chwip yn ddi-gri,
oherwydd bydd Iesu'n rhoi arwydd
ei Groes ar fy ysgwydd grom i.

Yr oen
A minnau, y lleiaf ohonom,
a'r un diniweitiaf – rhyw fodd
fy mraint yw bod 'gosaf i'r preseb,
gan fugail i'w Fugail yn rhodd;
cael gorwedd wrth ymyl y Baban
dan wenau holl engyl y ne',
wrth ymyl yr Oen sydd â'i dynged
yn aberth, un dydd, yn ein lle.

Yr ych

Heb warafun na brefu, aberthodd
    ei borthiant yn wely
  yn y côr i'r Baban cu;
  rhoes ei breseb i'r Iesu.

Ein Nadolig ni

Nid awn i weld ei anwyldeb 'leni;
    rhy lawn hunanoldeb
  ŷm ni i ymgrymu i neb,
  a rhy brysur i breseb.

Nadolig y masnachwr

Rho dy wên ar dy wyneb;
un ddi-ball, fel na all neb
wedyn weld ond d'anwyldeb.

Ac i'r strydoedd cyhoedda
er lles dyn 'r Ewyllys Da;
sain Noël synau elwa.

Clych dy Ŵyl clych dy diliau;
â swyn y Geni'n nesáu
yn uwch y cân eu clychau!

Teg fod bendith i tithau'n
eu cân: ni fynnwn nacáu
creu elw o'r carolau.

Ond pan fyddi'n cael tincial
yn y til, cofia mai tâl
y Geni sy'n dy gynnal.

Dod y Wyrth yn dy werthu.
Gwna'n fawr o'r Geni a fu.
Trysor i ti yw'r Iesu.

Anrheg y Geni

Boed inni Ddolig diddan, a gwynfyd
    darganfod wrth dwrian
  ymysg yr anrhegion mân
  wên yr Iesu'n yr hosan.

Yr Iesu mewn gwair o'r rhesel; ein Duw'n
    dod mewn dynol barsel;
  y Babandod mewn bwndel;
  wyneb ein Duw'n faban del.

Y Baban Iesu

Daeth braw dros wyneb llawen yr Iesu
    ym mhreseb yr ychen;
  y braw o deimlo drwy bren
  ei wely ias yr hoelen.

Mair

Gwelwn y wên, Goleuni'n ei hwyneb,
wrth syllu ar Iesu 'ngwair y preseb,
a thrwy'r wên ei thaerineb wrth y Groes,
yn rhyddhau ei loes i lawr ei grudd wleb.

Ffenestr liw Eglwys Sant Sannan

Fel anadl o Ddwyfol ynni, mae grym
    y Groes yn ei llenwi;
  y loes yn ei niwlo hi,
  a'r hedd yn pefrio drwyddi.

Cadach

Arnat daw baw ein beiau, – hen olion
    dynoliaeth a'i brychau;
  ond daeth ôl, un nos olau,
  ei lwynau Ef i'th lanhau.

Ar gerdyn ymweld gweinidog

Nid gwerthwr chwimwth yn gwthio'r nwyddau
    wyf ond rhoddwr trysor;
  o ddrws i ddrws rhoddi'r lôr
  a'i neges – wnewch chi agor?

Ar gyfer derbyn aelodau ifanc newydd i'r Eglwys

Addo yr wyf, tra byddwyf byw,
sut bynnag wyf, ble bynnag af,
ei ddilyn Ef yn ffyddlon wnaf,
yn un o hyd o deulu Duw.

Cerddorion cynhebrwng Haiti

Cerdd gomisiwn yn ymateb i lun gan Cherry Pickles yn arddangosfa gelf a chrefft Eisteddfod Genedlaethol Sir Ddinbych a'r Cyffiniau, 2013.

O gam	i gam
i'r drwm,	y mae
o gam	i gam
yn drwm	y gwae;
ymlusgiad	angau'n
un	â thôn
o alar	trymped
a	thrombôn;
ac udo	corn
yn golchi	cur
yr wylo	mawr
hyd hewl	a mur.

Ond yna, daw naid o enaid nodyn,
   a daw rhyw gyffro heibio i bobun;
mae'r wylo'n peidio, a cheir sgip wedyn
   i lonni alaw ffarwél anwylyn;
a'r dorf yn unfryd erfyn – fod gobaith,
a'i roddi ymaith yn angerdd emyn.

Hebryngwyr hyd lwybr angau – yn arwain
    y marw â'u nodau
  o ddu i wyn ei ryddhau.

O wylo'n hidl i lawenhad; – o'r lleddf
    i'r llon eu galarnad;
  o fyd i atgyfodiad.

Tro i gloi – treigl awen

Y dosbarth cerdd dafod

'Nyddu'r Cynganeddion', Gwaelod-y-garth, 1989–2005

Her yw bod yn athro beirdd
i gonfoi o eginfeirdd;
adicts, pob un yn credu
y daw **y** Gadair i'w dŷ,
yn sgolar dasgaholic,
pob cyw bardd yn ddarpar Ddic;
yn feistr pob Gerallt a fu,
pob un yn feuryn, FORY!

Ac yn glaf gan hen glefyd
dônt yn ôl, yn ôl o hyd
am ffics barddas; ysfa sydd
am bot awen 'mhob tywydd!
Bob enaid â'i ddibyniaeth,
i swyn rhythmau geiriau'n gaeth,
â'i bŵl edrychiad, a'i ben
yn troi gan joint yr awen.

Y rhai ablaf – a'r hôples,
rhai yn wych – a rhai fawr nes!
Rhai'n rhwydd, rhai'n orawyddus
i roi eu perlau i Rhys;
eraill yn pell fyfyrio'n
sobor o hir, drwy'r wers bron;
pob un â gwefr yn pefrio
yn llygaid ei enaid o.

Her yw bod yn athro beirdd,
darganfod yr eginfeirdd;
'na braf pan ddônt yn brifeirdd!

Amynedd
wrth wneud englyn

Rho heibio bwl anobaith, a cheisio
    drwy chwys lunio campwaith;
  gadael y gwael – ac eilwaith –
  â gwên nes gorffen y gwaith.

Egluro cynghanedd

Clywed gair, cael dy gario yn dy glust
    i glyw cymar iddo;
  yna'r ias wrth eu hasio,
  a'u mydrau hwy'n fynd am dro.

Cynghanedd

Mwynhau hen ymgom newydd a wna Siôn
    a Siân yn dragywydd;
  cynnau y swyn cynnes sydd
  i'w gael yng nghwmni'i gilydd.

I Mari a Gwyn

ar ran criw dosbarth 'Nyddu'r Cynganeddion', Gwaelod-y-garth, ar achlysur priodas Mari George a Gwyn Derfel Gruffydd (Gorffennaf 2005)

Dau welwn yn dal dwylo
ar eu traeth, yn siŵr eu tro;
dau'n cadw oed, cyd-droedio

aur eu bae at fôr bywyd,
fraich ym mraich sha'r môr a'i hud;
dilyn glan yn fodlon glyd.

Mae hindda bob cam ynddynt,
dwy wên a gwallt yn y gwynt
a'u haddo'n gynnes iddynt.

Ogamu drwy gors gwymon,
malio dim am lid y don,
ailglosio fel y gleision.

Er i wynt a'r môr yntau
hyrddio'u holl, ni wnânt ryddhau
y cregyn triw o'r creigiau.

Boed oriau dau'n cadw oed
yn gytûn, bob un, a boed
ar y traeth ôl hir eu troed.

Cydio llaw'n agos dawel,
sêr ynghyn, a fory'n fêl;
dau gariad yw y gorwel.

Cyfarchiad o'r Maen Llog, Dinbych, 2013

Y mae Awst yn dymor mêl
ein bro, a bu yr awel
yn gân o su y gwenyn
yn barhaus hyd ddôl a bryn;
su eu neithdar weithgarwch,
su eu cyrchu tua'n cwch.

Bu hela'r neithdar yn ôl
o fynwes blodau'r faenol;
yna troi i hel yn eu tro'n
brysur weirddolydd breision;
llawn haf y berllan hefyd;
hel tir hael, tir rhoi o hyd.

Hym eu hel fu'n y moelydd,
yr un croeso yno sydd;
yr un rhoi (os prin yw'r haf)
gan flodau'r erwau araf;
mae hel yn brofiad melys
o rug bryn a llecyn llus.

Gwelwyd, do, gasglu diwyd
i gael y neithdar i gyd
i ni nawr; a byddwn ni,
mi wyddom, wedi meddwi
o ddigonedd y gwenyn,
haf â'i fêl melysaf un.

A chawn yn ein cwch annwyl,
haid wâr, boteidiau o hwyl;
llwyaid ar ôl llwyaid llên
yn gry' gan siwgwr awen.
Dewch! Mwynhewch! Mae'n anochel –
y mae Awst yn dymor mêl.

Yr Ymryson

Pa hwyl fel myfyrio pell
mwncïod llên mewn cawell
yn llonni wrth wneud llinell?

A rhes hir aros orie'n
syllu i'n sw llên, eisiau lle –
trecian i weld ein tricie!

* * *

Ar hyn, am fy nhasg yr af; daeth yr awr,
    a nawr fe synhwyraf
  mai fi hwyrach, myfyriaf,
  am wir gamp, mai'r Ooo a gaf ...

Cael y dasg, clywed y deg! – "Heb ei gwell
    dy linell. Telyneg!"
  Cerdded ond eisiau rhedeg
  i'r tu ôl am chware teg.

Crafu pen, sugno pensyl, – ac osgoi
    rhag sgwrs pawb ar gyfyl;
  sefyll â gwg ansuful
  am hir, 'fatha llyncu mul.

Aros-droedio'n rhwystredig; ebychiad;
    sibrwd bach pellennig;
  'drychian llydan colledig
  nunlle pell llinellau pig.

Y 'deg' dry'n eirie rhegi,
rhai eitha mawr, wrth i mi
wyro pen, ddechre poeni ...

O na! sŵn uchelseinydd, a rhyw lol
    rali iaith 'dragywydd;
llais Rocet egseited sydd yn ddi-baid,
a nunlle i enaid gael mymryn llonydd.

Soprano'n iodlo ar draws huodledd
Hywel Teifi'n gori'n ddidrugaredd
ar fòch rhyw gawr a'i fuchedd; noethi'r dyn,
difrïo wedyn â'i holl frwdfrydedd.

Rŵan y straen sy'n troi'n strach;
daw llinell goch, un gochach,
nes adfer pwyll gan bwyll bach!

Sgwario'n agos, sgyrnygu
ar y sawl o'r Pwyllgor sy'
am siarad wrth amseru!

Ffeiwn hwn pan ddaw i'n nôl,
ei ddod gorgydwybodol
i'n drws, a'i "funud ar ôl".

Ar chwâl mae'r ymdrech o hyd;
mae'n Amen ym mhen munud,
daw dydd barn; daw diwedd byd ...

... pan fydd Peilatfardd Barddas
yn slic iawn, heb sylw cas,
yn glên, yn creu galanas!

Mwyach sdim ots am awen;
cymraf beth ddaw yn llawen;
pob hen drawiad; lladrad llên!

Troi ar ryw wàg; trio Yoga; rhodio'n
    ysbrydol, cans 'falla
  'rhydd yr Ap neu Fardd yr Ha
  alwad trwy Elwyn Bala!

Rwy'n gwylaidd-edrych uchod; "Chi brifeirdd,
    rowch chi brawf o'ch duwdod?
  Oes llinell sbâr, un barod?"
  Munud wag, a dim yn dod ...

Galw ar Donald, a Waldo, Gwilym R,
    galw Mei Mac – waeth trio!
  Tudur Aled, Dyfed, do,
  Cynan, Alan, a Iolo!

"O! anfon air, Eifion Wyn! O! rho'n awr
    un em, Menna Elfyn;
  rwyf bron ar ben fy nhennyn
  yn chwys a nerfus fan hyn."

Hec! ma'n nhw'n ailalw arnom rŵan;
uwch clychau gwae, clywaf Twm ac Iwan
yn rhannu jôc, ac mae golwg strocan
yn llygad brys awchus Gwilym Fychan;
wrec wyf ar risiau'r llwyfan, a 'ngweddi –
"Dal ati 'da'r dwli, Tudur Dylan!"

Yna, drwy'r strach, o rywle daw fflachiad,
yn y creisus unig gwawria syniad!
A rhywsut, rhywsut i dasg, ddatrysiad;
mynd â hi i Dylan, a dim ond eiliad
i droi, wrth fynd, hen drawiad yn un gwell!
Rhoi dur i'r llinell drwy ei darlleniad!

* * *

Mae'n braf yng Nghosta Brava.
O pam ein bod yn fa'ma,
yn sw llên, a hithe'n ha'?

Artaith nes bron â hurtio
yw'n diléit, a'n dal eto
bawb yn y trap bob un tro!

Pa hwyl fel myfyrio pell
mwncïod llên mewn cawell
yn llonni wrth wneud llinell?

Talwrn y Beirdd
i gyfarch Gerallt, y Meuryn

Rwy'n chwilio'r holl goedwig am gollen o dras
    a'i naddu'n ofalus a'i thwtio
i'w chynnig yn ufudd i'r mistar bach cas
    er mwyn iddo fedru fy ngholbio!

Anffawd

Uwch na'r gri wrth weiddi 'Hedd' – oedd y gri
    ddagreuol wrth eistedd
    â'i fôn clust hyd fin y cledd,
    yn wridog ei anrhydedd.

Troednodyn

'Mysg gwehilion barddoni, yn eilydd
    ar waelod digodi
    difision tw ydw i,
    a rhigymwr go giami!

Cydnabyddiaethau

'Aberth' – *Deg Marc! Pigion Ymrysonau'r Babell Lên 1979–1998*, gol. Tegwyn Jones (Gwasg Carreg Gwalch, 1999).

'Amynedd' – *Y Talwrn*, BBC Radio Cymru.

'Anniolchgarwch' – *Pigion y Talwrn 13*, gol. Ceri Wyn Jones (Cyhoeddiadau Barddas, 2016).

'Apartheid' – *Pigion Talwrn y Beirdd 3*, Gerallt Lloyd Owen (Gwasg Gwynedd, 1986).

'Ar gerdyn ymweld gweinidog' – *Pigion Talwrn y Beirdd*, gol. Gerallt Lloyd Owen (Gwasg Gwynedd, 1981).

'Ar y gorwel' – Arddangosfa gelf a chrefft Eisteddfod Genedlaethol Sir Ddinbych a'r Cyffiniau, 2013.

'Brân Dyddyn' – *Pigion Talwrn y Beirdd 2*, gol. Gerallt Lloyd Owen (Gwasg Gwynedd, 1986).

'Breuddwyd plentyn' – *Y Talwrn*, BBC Radio Cymru.

'Brysia adre!' – *Y Talwrn*, BBC Radio Cymru.

'Byd natur' – *Inc yr Awen a'r Cread*, gol. Rhys Dafis (Cyhoeddiadau Barddas, 2022).

'Cadw'r oed' – *Englynion dan Bwysau*, gol. Emyr Lewis (Gwasg Carreg Gwalch, 2005).

'Cariad cyntaf' – *Englynion dan Bwysau*, gol. Emyr Lewis (Gwasg Carreg Gwalch, 2005).

'Carol y tri anifail' – *Nadolig*, gol. Mererid Hopwood a Tudur Dylan Jones (Cyhoeddiadau Barddas, 2022).

'Carreg Bica' – *Barddas*, rhifyn 292, Gwanwyn 2007.

'Cerddorion cynhebrwng Haiti' – Arddangosfa gelf a chrefft Eisteddfod Genedlaethol Sir Ddinbych a'r Cyffiniau, 2013.

'Ci lladd defaid' – *Pigion Talwrn y Beirdd 6*, gol. Gerallt Lloyd Owen (Gwasg Gwynedd, 1992).

'Cist y daflod' – *Barddas*, rhifyn 334, Haf 2017.

'Coedlan Rhagfyr' – *Y Talwrn*, BBC Radio Cymru.

'Creadigaeth' – *Inc yr Awen a'r Cread*, gol. Rhys Dafis (Cyhoeddiadau Barddas, 2022).

'Cregyn' – *Inc yr Awen a'r Cread*, gol. Rhys Dafis (Cyhoeddiadau Barddas, 2022).

'Cri' – *Beirdd Bro'r Eisteddfod*, gol. John Glyn Jones (Cyhoeddiadau Barddas, 2013).

'Croeso' – *Barddas*, rhifyn 350, Haf 2021.

'Crud' – *Dad*, gol. Rhys Iorwerth (Cyhoeddiadau Barddas, 2021).

'Cwmsgwt' – *Y Talwrn*, BBC Radio Cymru.

'Cwmtydu ym mis Ionawr' – *Y Talwrn*, BBC Radio Cymru.

'Cwsg' – *Pigion Talwrn y Beirdd 7*, gol. Gerallt Lloyd Owen (Gwasg Gwynedd, 1994).

'Cynghanedd' – *Y Gynghanedd Heddiw*, gol. Eurig Salisbury ac Aneirin Karadog (Cyhoeddiadau Barddas, 2022).

'Darlun' – *Pigion Talwrn y Beirdd*, gol. Gerallt Lloyd Owen (Gwasg Gwynedd, 1981).

'Datganoli' – *Y Faner*, Chwefror 9, 1979.

'Difancoll' – *Y Talwrn*, BBC Radio Cymru.

'Dyn' – *Barddas*, rhifyn 289, 2006.

'Eglwys Sant Ioan, Caerdydd' – *Barddas*, rhifyn 288, 2006.

'Etifedd' – *Y Talwrn*, BBC Radio Cymru.

'Fry yn yr awyr ...' – *Barddas*, rhifyn 290, Rhagfyr 2006.

'Fy nghannwyll' – *Englynion dan Bwysau*, gol. Emyr Lewis (Gwasg Carreg Gwalch, 2005).

'Ffenestr liw Eglwys Sant Sannan' – *Beirdd Bro'r Eisteddfod*, gol. John Glyn Jones (Cyhoeddiadau Barddas, 2013).

'Ffoadur' – *Y Talwrn*, BBC Radio Cymru.

'Ffynnon' – *Pigion Talwrn y Beirdd 3*, gol. Gerallt Lloyd Owen (Gwasg Gwynedd, 1986).

'Galwad' – *Beirdd Bro'r Eisteddfod*, gol. John Glyn Jones (Cyhoeddiadau Barddas, 2013).

'Glas y Dorlan' – *Barddas*, rhifyn Mawrth 1982.

'Gorchymyn' – *Y Talwrn*, BBC Radio Cymru.

'Gwawr' – *Barddas*, rhifyn 260, Rhagfyr 2000.

'Gwynfor' – *Barddas*, rhifyn 303, Gwanwyn 2009.

'Hedfan' – *Pigion Talwrn y Beirdd*, gol. Gerallt Lloyd Owen (Gwasg Gwynedd, 1981).

'Hunlle' – *Barddas*, rhifyn 347, Hydref 2020.

'Hydref' – *Barddas*, rhifyn Rhagfyr 1979.

'I Dafydd Islwyn' – *Barddas*, rhifyn 285, Tachwedd / Rhagfyr 2006.

'I John Glyn' – *Barddas*, rhifyn 292, 2007.

'I Wynford Ellis Owen' – Robin Gwyndaf, *Meddyg y Galon Glwyfus* (Cyhoeddiadau'r Gair, 2021).

'Llanw Llŷn' – *Y Cymro*, Mehefin 2021.

'Llawenydd' – *Pigion Talwrn y Beirdd 3*, gol. Gerallt Lloyd Owen (Gwasg Gwynedd, 1986).

'Llys' – *Y Talwrn*, BBC Radio Cymru.

'Maddeuant' – *Y Talwrn*, BBC Radio Cymru.

'Man gwyn' – *Y Talwrn*, BBC Radio Cymru.

'Marchnad' – *Y Talwrn*, BBC Radio Cymru.

'Medi' – *Y Cymro*, Medi 25, 1979.

'Milwr' – *Barddas*, rhifyn 260, Rhagfyr 2000.

'Mynd am adre ar ŵyl y banc mis Awst' – *Barddas*, rhifyn 287, 2006.

'Nadolig y masnachwr' – *Y Gadlas*, rhifyn Rhagfyr 2020.

'Nant Gwrtheyrn' – *Barddas*, rhifyn 286, 2006.

'Ni'r bugeiliaid ...' – *Nadolig*, gol. Mererid Hopwood a Tudur Dylan Jones (Cyhoeddiadau Barddas, 2022).

'Ni'r doethion ...' – *Nadolig*, gol. Mererid Hopwood a Tudur Dylan Jones (Cyhoeddiadau Barddas, 2022).

'Nos Iau cyn y Nadolig yng Nghaerdydd' – *Barddas*, rhifyn 260, Rhagfyr 2000.

'Nos Wener yng Nghaerdydd' – *Y Talwrn*, BBC Radio Cymru.

'Ond wedyn ...' – *Beirdd Bro'r Eisteddfod*, gol. John Glyn Jones (Cyhoeddiadau Barddas, 2013).

'Pabi coch' – *Barddas*, rhifyn Rhagfyr 1980.

'Pam?' – *Y Talwrn*, BBC Radio Cymru.

'Pardwn' – *Pigion Talwrn y Beirdd 3*, gol. Gerallt Lloyd Owen (Gwasg Gwynedd, 1986).

'Pioden' – *Barddas*, rhifyn 346, Haf 2020.

'Pont Tywysog Cymru' – *Pigion Talwrn y Beirdd 6*, gol. Gerallt Lloyd Owen (Gwasg Gwynedd, 1992).

'Prysurdeb' – *Pigion Talwrn y Beirdd 6*, gol. Gerallt Lloyd Owen (Gwasg Gwynedd, 1992).

'Ras' – *Pigion Talwrn y Beirdd 7*, gol. Gerallt Lloyd Owen (Gwasg Gwynedd, 1994).

'Safiad' – *Pigion Talwrn y Beirdd 7*, gol. Gerallt Lloyd Owen (Gwasg Gwynedd, 1994).

'Stephen Hawking' – *Barddas*, rhifyn 341, Haf 2019.

'Tai haf' – *Barddas*, rhifyn Chwefror 1980.

'Talu'r pwyth' – *Y Talwrn*, BBC Radio Cymru.

'Talwrn y Beirdd' – *Pigion Talwrn y Beirdd 8*, gol. Gerallt Lloyd Owen (Gwasg Gwynedd, 1996).

'Tarth' – Arddangosfa gelf a chrefft Eisteddfod Genedlaethol Sir Ddinbych a'r Cyffiniau, 2013.

'Terfysgaeth' – *Pigion Talwrn y Beirdd 11*, gol. Gerallt Lloyd Owen (Cyhoeddiadau Barddas, 2010).

'Torri'r arfer' – *Y Talwrn*, BBC Radio Cymru.

'Trafaelwyr' – *Y Talwrn*, BBC Radio Cymru.

'Tranc cenedl' – *Beirdd Bro'r Eisteddfod*, gol. John Glyn Jones (Cyhoeddiadau Barddas, 2013).

'Twyll' – *Y Talwrn*, BBC Radio Cymru.

'Tylluan' – *Pigion y Talwrn 13*, gol. Ceri Wyn Jones (Cyhoeddiadau Barddas, 2016).

'Tywysoges Annwn' – Arddangosfa gelf a chrefft Eisteddfod Genedlaethol Sir Ddinbych a'r Cyffiniau, 2013.

'Un o'r wig yn bedwar ugain' – *Barddas*, rhifyn 356, Gaeaf 2023.

'Unigrwydd' – *Y Talwrn*, BBC Radio Cymru.

'Winc' – *Y Talwrn*, BBC Radio Cymru.

'Y Baban Iesu' – *Y Talwrn*, BBC Radio Cymru.

'Y canlyniad' – *Pigion Talwrn y Beirdd 11*, gol. Gerallt Lloyd Owen (Cyhoeddiadau Barddas, 2010).

'Y dosbarth cerdd dafod' – *Barddas*, rhifyn 288, Haf 2006.

'Y gwyddonydd' – *Barddas*, rhifyn 287, 2006.

'Y tywydd' – *Beirdd Bro'r Eisteddfod*, gol. John Glyn Jones (Cyhoeddiadau Barddas, 2013).

'Yes Cymru' – *Barddas*, rhifyn 348, Gaeaf 2021.

'Ymgyrch' – *Y Talwrn*, BBC Radio Cymru.

'Ymson mewn côr meibion' – *Pigion y Talwrn 13*, gol. Ceri Wyn Jones (Cyhoeddiadau Barddas, 2016).

'Yn nrws archfarchnad' – *Barddas*, rhifyn 260, Rhagfyr 2000.

'Yr ych' – *Barddas Bach y Dolig* (Barddas, 2022).

'Yr Ymryson' – *Barddas*, rhifyn 294, Hydref 2007.

'Ystlum' – *Pigion Talwrn y Beirdd 11*, gol. Gerallt Lloyd Owen (Cyhoeddiadau Barddas, 2010).